허영만, 김태훈, 정용권, 작정하고 떠난 아웃백 11,000㎞

호주 캠퍼밴 40일

허영만, 김태훈, 정용권, 작정하고 떠난 아웃백 11,000㎞

호주 캠퍼밴 40일

초판 1쇄 인쇄	2017년 11월 23일
초판 1쇄 발행	2017년 11월 29일
지은이	허영만 그림·김태훈 글·정용권 사진
펴낸이	신민식
편집	최연순·이홍림·정혜지
디자인	임경선
마케팅	최초아
경영지원	백형준·이수정
펴낸곳	가디언
출판등록	제2010-000113호
주 소	서울시 마포구 토정로 222 한국출판콘텐츠센터 319호
전 화	02-332-4103
팩 스	02-332-4111
이메일	gadian7@naver.com
홈페이지	www.sirubooks.com
인쇄·제본	(주)상지사P&B
종이	월드페이퍼

ISBN 978-89-94909-03-5 (13960)

이 도서의 국립중앙도서관 출판예정도서목록(CIP)은 서지정보유통지원시스템 홈페이지
(http://seoji.nl.go.kr)와 국가자료공동목록시스템(http://www.nl.go.kr/kolisnet)에서
이용하실 수 있습니다.(CIP제어번호: CIP 2017029755)

이 여행은 LG 그룹의 후원으로 이루어졌습니다.

허영만, 김태훈, 정용권 작정하고 떠난 아웃백 11,000㎞

호주 캠퍼밴 40일

그림 허영만 · 글 김태훈 · 사진 정용권

가디언

진짜 호주를 만나기 위한 도전

4월 12일로 확정됐던 출발 일정이 허영만 화백의 입원으로 두 번씩이나 미뤄졌고 우여곡절 끝에 8월 20일, 여섯 명의 멤버들이 출발하게 되었다.

멜버른을 시작으로 남쪽의 애들레이드에서 호주 대륙을 관통, 지구의 배꼽 울룰루를 지나 북쪽의 다윈, 서쪽의 브룸과 칼바리를 거쳐 퍼스까지, 장장 10,000㎞가 넘는 40일의 여정이다.

우리가 이번에 도전하는 코스는 호주인조차 특수한 목적, 이를테면 기후·생태·지질·원주민에 대한 연구 등이 아니라면 가기를 꺼리는 아웃백(오지) 지역을 많이 포함하고 있다.

일반적으로 한국에 널리 알려진 호주의 여행지는 멜버른, 시드니, 브리즈번 같은 대도시가 주를 이루지만, 이 도시들은 실제로 호주 대륙의 1%도 되지 않는 극히 일부분일 뿐 아니라, 불과 몇 백 년 전에 이루어진

'간이 무대' 같은 곳이다. 우리는 이 화려한 무대 뒤편에 있는 '호주가 아니면 볼 수 없는 진짜 호주'를 경험하고자, 도전적이면서 영감 넘치는 일정을 선택했다.

지구상에 존재하는 오지 중의 한 곳인 아웃백, 대지를 뜨겁게 달구는 태양과 수십억 년을 달려온 별빛이 쏟아지는 곳, 원시 생명체인 스트로마톨라이트와 애버리진(원주민)들의 고향, 끝없이 펼쳐진 지평선 속에 박혀 있는 대자연의 예술품은 누구나 쉽게 다가갈 수 있는 곳이 아니다.

허영만 화백과 호주 여행의 약속을 실행하기 위해 13년의 시간이 걸렸음에도 거듭 일정을 변경해야 했다. 저마다 바쁜 멤버들이 40일 일정의 긴 스케줄을 거듭 변경하는 것은 매우 어려운 일이었다. 마치 '가지 말라는 징조' 같은 불길함도 고집스레 넘기고, 영혼의 보물을 찾아 떠날 마음의 준비를 마치고 드디어 출발선에 섰다.

그동안의 여행 경험을 바탕으로 치밀한 준비를 했음에도 여전히 우려가 남는다. 남부의 초겨울 날씨, 중부의 건조하고 뜨거운 사막 기후, 북부의 덥고 습한 열대성 기후, 서부의 변덕스런 날씨를 견뎌야 하는 일정. 40대 후반부터 70대 초반까지 중고 연식의 여행자들의 건강 역시 큰 변수이다. 개성 강한 여섯 남자들이 지지고 볶으면서 먹고 자는 모든 것을 요령껏 해결해야 한다.

"왜 호주 아웃백을 여행하는가?"라는 질문을 하지 않을 수 없다.

거대한 울룰루의 감동이 영혼의 비만을 제거해주면 좋겠고, 여행 중의 고생들은 당연한 것으로 여겼던 가족과 일상에 대한 진정한 가치를 깨닫게 해줄 것이다. 일 때문에 복잡하게 엉켜 있는 머릿속은 지평선에 의해 풀어지고, 별들과 사막의 고요함은 명상 같은 휴식을 제공할 것이다. 그러니까 여행이 끝날 무렵엔 아주 조금이라도 더 나은 사람이 되고 싶어서다.

이 여행에 기꺼이 도움을 준 LG그룹 홍보실에 진심으로 감사를 드린다. 여행 내내 도움의 가치에 전율하곤 했다. 일정 변경으로 같이 가지 못했지만 40일의 가출을 응원해준 백지윤, 권정민에게도 감사를 전한다.

마지막으로. 내가 여행하는 동안 한국에서 세상을 떠난 나의 귀한 친구 장민식에게 사랑하는 마음을 전한다.

2017년 11월
여행작가 김태훈

CONTENTS

| 차례 |

SOUTH AUSTRALIA

사우스오스트레일리아

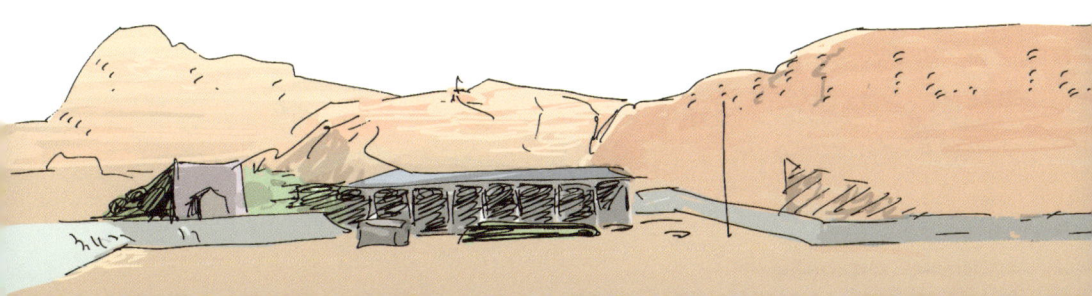

NORTHERN TERRITORY

노던 테리토리

WESTERN AUSTRALIA

웨스턴 오스트레일리아 (1)

웨스턴 오스트레일리아 (2)

About Australia

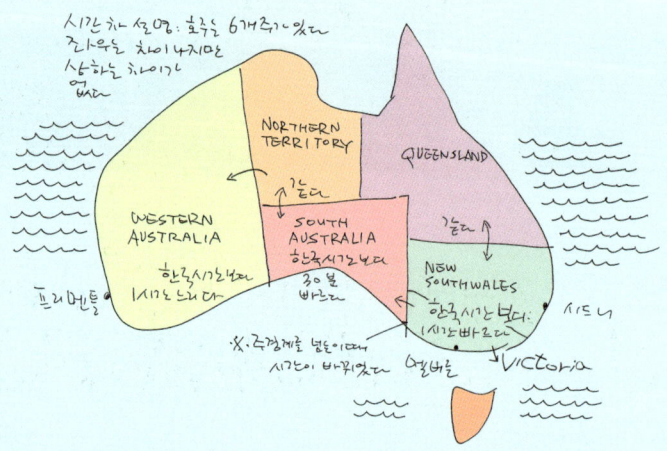

호주 일반 정보

정식 명칭은 오스트레일리아연방(Commonwealth of Australia)으로, 남반구 태평양과 인도양 사이에 위치한 가장 작은 대륙이자 768만㎢의 면적을 가진 단일 국가이기도 하다. 서쪽과 동쪽 끝의 거리는 약 4,000㎞, 남쪽과 북쪽 끝의 거리는 약 3,200㎞에 달한다. 이를 유럽에 그대로 옮겨놓으면 영국 서쪽의 아일랜드로부터 아시아 대륙의 카자흐스탄 서부에 이르는 크기이다. 대륙의 약 20% 정도는 사막이며, 남극을 제외하면 가장 건조한 대륙이기도 하다. 아웃백이라 불리는 내륙 지역은 사람이 살기 어려운 메마른 불모지이거나 반사막이어서, 인구의 대부분은 대륙 동쪽의 해안선을 따라 거주한다.

남반구에 속해 북반구와는 계절이 반대이며, 대체로 온대기후에 속하지만 국토 면적이 매우 넓어(한반도의 약 35배) 남부는 온대, 북부 및 서부 일부는 열대, 내륙은 대륙성 기후를 보이는 등 다양한 기후가 공존한다. 시간대 역시 동부, 중부, 서부의 세 개의 시간대로 나뉜다(한국 시간을 기준으로 동부 시드니, 멜버른은 +1시간, 중부 다윈 +30분, 서부 퍼스 −1시간).

행정구역은 여섯 개의 주와 두 개의 테리토리로 나뉘어 있으며 각각 뉴사우스웨일즈주, 퀸즐랜드주, 사우스오스트레일리아주, 웨스턴오스트레일리아주, 태즈메이니아주, 빅토리아주, 그리고 호주 수도 특별자치구(Australian Capital Territory)와 노던 테리토리이다. 수도는 캔버라, 주요 도시로는 시드니, 멜버른, 브리즈번, 퍼스, 애들레이드가 있으며 퍼스를 제외하고는 동남부에 위치하고 있다.

호주의 원주민인 애버리진(aborigine)은 세계에서 가장 오래된 역사와 문화를 지닌 부족으로, 약 4~6만여 년 전 아시아에서 바다를 건너와 부족시회를 이루어 정착한 것으로 알려져 있다. 그러나 17세기 이후 유럽인들과 함께 들어온 질병과 백인들의 학살 등으로 인구가 격감하였고, 지금은 소수만이 지정된 보호구역 내에서 정부의 보조금을 받으면서 살고 있다.

호주를 상징하는 캥거루, 코알라, 태즈메이니아 데빌, 주머니여우, 오리너구리 등 400여 종의 고유한 동물들과 코알라가 잎을 먹는 것으로 유명한 유칼립투스 나무 등 특색 있는 식물들이 어우러진 풍부하고 아름다운 자연환경을 지니고 있어, 전 세계 여행자들의 많은 사랑을 받는 여행지이기도 하다. 공용어는 영어와 다양한 원주민어이며 여행 시에는 출국 전 반드시 여행 비자를 받아야 한다.

- 정치체제 : 입헌군주제(영연방)
- 인구 : 약 22,992,654명(세계 최저 인구밀도)
- GDP : 1조 3,597억$, 세계 13위(대한민국은 1조 4,981억$, 세계 12위)
- GNP : 55,215$(대한민국 28,739$)
- 통화 : 호주 달러(1AUD=약 820원)
- 인구 구성 : 백인(92%), 아시아인(7%), 기타(1%)

호주 일반 물가

음식물 종류	평균 가격	한화 환산 가격 (820원 기준)
빅 맥	AU$ 11.00	₩ 9,020
우유 1ℓ	AU$ 1.29	₩ 1,057.8
계란 12개	AU$ 6.00	₩ 4,920
스테이크용 소고기 등심 1kg	AU$ 30.00	₩ 24,600
토마토 1kg	AU$ 5.99	₩ 4,911.8
호주산 치즈 500g	AU$ 11.00	₩ 9,020
감자 1kg	AU$ 3.50	₩ 2,870
맥주 12병	AU$ 24.00	₩ 19,680
와인 1병 (저가)	AU$ 8.00	₩ 6,560
와인 1병 (고급)	AU$ 18.00	₩ 14,760
코카콜라 2ℓ	AU$ 3.29	₩ 2,697.8
식빵	AU$ 2.00	₩ 1,640
휘발유 1ℓ	AU$ 1.30	₩1,066
디젤유 1ℓ	AU$ 1.30	₩ 1,066
영화티켓 2매	AU$ 40.00	₩ 32,800
커피 1잔 (더블 샷)	AU$ 4.20	₩ 3,444
담배 한 갑	AU$ 27.00	₩ 22,140
100% 고기 햄 1kg	AU$ 16.00	₩ 13,120

아웃백이란?

아웃백(outback)은 호주의 오지(奧地)를 가리키는 말로, 전 국토의 4분의 3을 차지하는 내륙 건조 지역이다. 세계에서 가장 오래된 지형 중 하나라고 하며 주로 붉은 토양으로 이루어진 메마른 땅과 사막이 많다. 대부분 국립공원으로 지정되어 있으며, 사람이 살기 어려운 메마른 불모지이거나 반사막으로 원시 자연의 모습을 그대로 간직하고 있다.

특히 대륙의 약 40%를 차지하고 있는 서부대고원은 평균 해발고도 330m의 암석사막지대로서 웨스턴오스트레일리아주와 노던 테리토리의 절반, 사우스오스트레일리아주와 퀸즐랜드주의 일부가 이에 해당한다. 세계에서 몇 안 되는 극도로 건조한 지역으로, 아직 미개발된 지역이 많다.

근래에 들어 그대로의 자연이 잘 보존된 이 아웃백을 찾는 사람들이 늘고 있다. 빛나는 밤하늘의 은하수, 호주의 그랜드캐니언 블루마운틴, 지구의 배꼽이라고 불리는 울룰루와 붉은 사막에서의 석양이 사람들을 불러들이고 있다.

CAMPERVAN

캠퍼밴 렌트와 운전

예약은 필수. 6개월 이전에 예약하면 상대적으로 저렴하게 대여할 수 있다. 성수기와 비수기의 가격 차이가 크다. 캠퍼밴 대여료는 차량의 종류와 기간에 따라 천차만별이며 자세한 사항은 캠퍼밴 대여 전문 사이트에서 확인할 수 있다. (http://www.campervan.co.kr/)

현지에 도착하여 차량을 배정받기 전에 몇 가지 준비가 필요하다. 캠퍼밴 차량을 운전하려면 반드시 국제운전면허증이 있어야 하고, 보험을 위해 탑승자 전원의 이름과 면허번호를 등록하고 사인을 마쳐야 차량을 내준다.

차량 인도 시 주의할 점은 1년 정도 지난 새 차라 해도 호주의 엄청나게 넓은 땅덩어리 덕에 주행거리가 5~8만 킬로미터에 육박하는 경우도 적지 않다. 그러므로 주행거리를 꼼꼼히 살펴보고 가능하면 2~3만 킬로미터 정도의 새 차를 타는 게 좋다. 차량은 연료가 가득 채워진 상태로 인도받으며 따라서 반납할 때도 같은 상태를 유지해야 한다.

호주는 한국과 다르게 차량이 반대 방향으로 운행하므로 처음에는 주의가 필요하다. 하지만 곧 익숙해지니 겁먹을 필요는 없다. 국제운전면허, 라운드 어바웃, 스쿨존, 캐러밴 파크 등 꼭 필요한 정보 정도만 알면 크게 문제될 게 없다.

국제운전면허 발급

가까운 운전면허 시험장에서 여권사진과 같은 사진 1매와 신청서, 국내운전면허, 여권을 제시하면 10분 이내에 국제운전면허증을 만들어준다. 유효기간은 1년이다. 국제운전면허증은 한국의 운전면허증과 같이 가져가야 사용이 가능하며 추가로 여권을 요구하는 곳이 많으므로 함께 가지고 다니는 것이 좋다.

라운드 어바웃(Round about)

신호가 없는 로터리를 말한다. 기본 룰은 진입하여 시계 방향으로 돌다가 원하는 방향에서 진출하면 되는데, 오른쪽에서 먼저 진입한 차가 우선이며 그 차가 지나간 후에만 들어갈 수 있다. 2차선일 경우 기본 룰은 비슷하지만 1차선에 운행하는 차량이 있어도 2차선에 차가 없으면 진입이 가능하다. 단, 1차선은 좌회전이나 직진을 하는 경우만 진입해야 하고 2차선은 직진과 우회전을 위해서만 진입해야 한다.

스쿨존(School zone)

학교 근처에서 차량의 속도를 제한하는 스쿨존은 우리나라와 달리 평소에는 일반 속도로 다닐 수 있다. 등교 시간인 오전 7~9시, 하교 시간인 오후 2~4시까지 표지판이 점등되는데, 그때는 시속 40㎞ 이하로 다녀야 한다(주말 제외). 스쿨존 내에서의 과속은 엄청난 벌금을 물리기로 유명하니, 아이들이 보이든 보이지 않든 무조건 속도를 줄여야만 한다.

캐러밴 파크(Caravan park)

캠퍼밴 여행자를 위해 편의시설과 전원을 제공하는 넓은 공원 형태의 숙소. 내부에는 화장실, 샤워실, 덤프 스테이션, 주방, 화장실, 놀이터, 전원 공급을 할 수 있는 시설 등이 갖추어져 있다. 비용은 위치나 시설에 따라 다르지만 일반적으로 1인당 AU$15~AU$25 정도이다.

▶ 여행TIP : 40일 여행을 하려면 옷을 얼마나 준비해야 하나요?

3일 여행에는 3일치 옷을 가져가고, 일주일간의 여행을 위해서는 일주일치 옷을 가져간다. 하지만 장거리 여행이라면? 정답은 약 4~7일치 정도가 적당하다. 장거리 여행을 위한 거의 모든 숙소에는 세탁과 건조를 할 수 있는 시설이 되어 있다. 보통 세탁기를 한 번 사용하는 비용은 AU$4 정도이며 건조기를 돌릴 때도 AU$4 정도가 필요하다.

SOUTH AUSTRALIA
사우스오스트레일리아

멜버른

토키 베이

와남불

보더타운

애들레이드

레이크 하트

쿠버페디

얼둔다

WESTERN
AUSTRALIA

NORTHERN

TERRITORY

QUEENSLAND

SOUTH AUSTRALIA

쿠버페디

애들레이드

NEW SOUTH
WALES

시드니

VICTOR
멜버른
와남불
토키 베이

TASMANIA

서울 ··· 시드니

드디어 만난 멤버들, 멜버른에서 토키 베이로

그토록 오래 준비하여 드디어 합류하기로 한 당일.

서울에서 오는 멤버들보다 하루 먼저 멜버른에 가서 여유 있게 쉬었다가 합류하려던 계획은 처음부터 삐걱거렸다. 내가 살고 있는 뉴질랜드의 집에서 멜버른으로 가려면 왕가레이에서 소형 국내선 비행기를 타고 오클랜드 국제공항으로 가야 한다. 그런데 멜버른행 비행편의 수속을 마치고 탑승 게이트 배정을 기다리느라 핸드폰을 만지작거리고 있는데 불길한 방송이 흘러나왔다. 비행기에 기계적 결함이 발견되어 출발이 열두 시간 넘게 지연된다는 것이다. 저녁 6시 30분발 비행기가 다음 날 아침 7시로 바뀌었다. 결국 항공사에서 제공한 호텔에서 밤을 맞고, 잠을 설치며 뒤척이다 요란한 알람 소리에 화들짝 놀라 일어났다. 다행히 이번엔 비행기가 7시 정각에 출발해서, 무사히 멜버른에 도착했다.

드디어 모두 모인 멤버들. 장시간 비행에도 불구하고 소풍 온 개구쟁이들처럼 경쾌하고 즐거운 표정이다. 드디어 만났다는 안도감, 그리고

떠난다는 것은 언제나 설레는 일이다.

오랜만에 만났지만 서먹함이라고는 없는 이 친근함이 좋다!

2004년 허영만 화백과 뉴질랜드 캠퍼밴 여행을 한 뒤 다음에는 호주
도 함께 가자고 했던 약속을 이제야 실행하게 되었다. 그런데 약속을 지
키게 되었다는 뿌듯한 마음 깊숙이 안타까움이 밀려온다. 이전의 멤버였
던 박영석 대장은 히말라야에서 산이 되어버렸고, 이젠 더 이상 함께 여
행할 수 없기 때문이다.

그동안 허 화백과 봉주 형님 얼굴에는 주름이 더 많아졌고, 내 머리에
도 흰머리가 가득해졌다. 하지만 그 외에는 그다지 달라진 것이 없는 것
같다. 다들 세월의 흔적은 인정하지만, 마음의 노화에 대해서는 전혀 수
긍할 맘이 없어 보인다. 그도 그럴 것이, 열정이 조금이라도 식었다면
기름진 음식과 안락한 침대를 버리고 이 고생스런 호주 오지에서 무려

40일을 보내려는 생각조차 하지 않았을 것이기 때문이다. 일상에서는 결코 찾을 수 없는 보물이 어디에 있는지 잘 아는 까닭이리라. 그래서인지 이른바 '꼰대' 이미지와는 거리가 먼 사람들이다. 낯익은 정상욱, 정용권 형, 새로 합류한 멤버 밥장의 얼굴도 반갑다.

캠퍼밴 대여로 여행을 시작하다

공항에서 브레이브룩(Braybrook)에 있는 캠퍼밴 사무실까지는 우버 택
시(Uber Taxi)를 부르기로 했다. 한국에는 많이 알려져 있지 않지만 해외
를 여행할 때 이용하기에는 아주 훌륭한 방법이다. 스마트폰 앱을 이용
하여 간단히 부를 수 있고, 타기 전에 소요 비용을 예측할 수 있으며 운
전자의 신원을 확인할 수도 있어 안전하다. 거기다가 기존의 택시에 비
해 저렴하니, 장점이 많다. 여섯 명이 탈 두 대의 우버 택시를 불렀다.
곧 멜버른 토박이인 벤자민(Benjamin) 씨가 커다란 4륜구동 차량을 가지
고 왔다. 비용은 단돈 AU$56(한화 4만 8천 원). 세계에서 시간당 인건비가
가장 비싼 호주에서 이 가격이면 아주 저렴한 편이다.

40일 동안 함께할 캠퍼밴. 하늘의 구름만 봐도 속이 시원하다.

캠퍼밴 마우이 사무실에 도착한 우리는 몇 가지 수속을 거친 후 차량 배정을 받았다. 장기간의 여행이라 개인 공간을 여유 있게 사용하기 위해 두 대를 미리 준비하고, 6개월 전에 예약을 마쳐두었다. 담당자에게 차량 설명을 듣고 키를 받아 시동을 켜기까지 약 두 시간 정도가 걸렸다.

캠퍼밴을 인수한 후 첫 번째로 해야 할 일은 허기진 냉장고와 수납장을 먹을 것으로 채우는 일이다. 우리는 멜버른 서쪽에 위치한 애들레이드로 향하기 때문에 가는 길에 있는 외곽의 한인 마트를 찾았다. 하지만 특별히 한식 재료를 찾는 게 아니라면 호주 전역 어디든 식재료를 구매할 곳은 많다. 호주의 대형 슈퍼마켓으로는 콜스(Coles), 울워스(Woolworth), 알디

아으~, 밥짱 고기 잘 굽는다!

제가 갈비집 아들 이짜너여~

● 한인 마트에 가득찬 식재료들   ●● 저녁식사를 준비하는 밥짱
●●● 스테이크는 호주 여행의 큰 즐거움 중 하나이다.

(ALDI) 등이 있으며 신선하고 다양한 먹을거리가 가득하다.

　우리는 앞으로 시작될 여행을 위해 운행을 줄이고 컨디션도 조절할
겸 멀지 않은 바닷가인 토키 베이의 캐러밴 파크★로 첫 숙소를 정했다.
이곳은 서핑으로 유명한 곳이기도 하다. 밥짱이 실력을 발휘한 호주산
소고기 스테이크로 간단하게 저녁식사를 하고, 내일부터 본격적으로
시작될 여행을 준비했다. 오늘 이동거리 : 150㎞, 총 이동거리 : 150㎞

★ 토키 캐러밴 파크 Torquay Foreshore Caravan Park
www.torquaycaravanpark.com.au
35 bell Street, Torquay VIC 3228 / 캠퍼밴용 파워 사이트 1인당 AU$20

그레이트 오션 로드를 달리다

토키 베이(Torquay Bay)의 아침은 소란하고 경쾌했다.

넓은 대지 위에 덩그러니 놓인 캠퍼밴 안에서 줄줄이 나오는 낯선 인간들이 이 동네의 터줏대감인 새들에게는 좋은 화젯거리인 모양이다. 고요한 아침의 적막을 깨며 무겁지 않은 청량감을 주는 새들의 수다 탓에 우리 멤버 전원은 거의 동시에 아침을 시작했다.

우리는 1호차와 2호차, 두 대의 캠퍼밴에 나누어 타고 여행을 하고 있다. 1호차에는 밤에 작업을 해야 하는 허영만 화백, 일러스트레이터 밥장(장석원)과 김태훈이 한 조를 이뤘고, 2호차에는 총무를 맡고 있는 정상욱, 관리의 김봉주, 여행 사진작가인 정용권이 한 조를 이뤄 움직이고 있다.

토키 베이는 오늘의 메인 여행지인 그레이트 오션 로드(Great Ocean Road)의 동쪽 시작점으로, 그 중심에는 세계적으로 유명한 12사도(Twelve Apostles) 바위가 자리 잡고 있다. 한편 이곳은 전 세계 서퍼들의 성지이

기도 한데, 걸출한 서핑 스포츠 브랜드인 퀵실버(Quicksilver)와 립컬(Rip Curl)이라는 브랜드의 산실로도 유명하다.

남반구의 8월은 꽤 쌀쌀한 초겨울 날씨다. 두터운 겨울 코트를 입고 새벽 해변으로 산책을 나왔더니, 바다에는 이른 새벽부터 파도를 타는 서퍼들 네댓 명이 보인다. 부채꼴 모양으로 길게 펼쳐진 모래사장을 따라 충충의 파도들이 넘나드는 모습이 마치 음표를 그려 넣은 오선지와 같다는 생각이 든다. 그 선율을 따라 넋을 놓고 한참을 바라보다 추위도 잊었다.

서핑의 최대 매력은 경쟁을 하지 않고 자연과 함께 어우러져 즐기는 스포츠라는 점일 것이다. 대부분의 스포츠가 정해진 사각의 링이나 폐쇄되고 좁은 라인 안에서 상대방과 싸워 이겨야 하는 '전쟁'이라면, 서핑은 아름다운 파도와 하나가 되어 자연의 일부가 되는 '참선' 같은 스포츠이다.

서퍼들의 열정에 비하면 새벽 추위 따위는 아무것도 아니다.

그러므로 누군가를 반드시 이겨야 한다는 강박이나 스스로를 세 보이게 하려는 싸움꾼 수탉 같은 허풍도 필요하지 않다. 서핑은 아직 한국에서는 크게 대중화되지 않은 스포츠이기도 하고, 겨울이 몹시 추운 한국에서 겨울에 서핑을 즐긴다는 것은 생각도 하지 못할 일이지만 이곳 토키 베이의 바다는 5㎜ 두께의 수트만 입으면 서핑을 할 수 있을 만한 수온을 유지한다. 그래서 사람들은 사철 이곳에서 서핑을 즐긴다.

석회암 절벽의 거대한 12사도 바위

토키 베이를 떠나 이틀째 여정이자 본격적인 여행을 시작했다. 그레이트 오션 로드, 이름만 들어도 달려보고 싶은 길이다. 완만한 땅에 펼쳐진 지평선 끝으로 시원한 트럼펫 소리처럼 쭉 뻗은 길. 이 지역 최고 관광지라는 명성이 무색하게 텅 빈 널따란 도로는 운전자의 스트레스를 제로로 떨어뜨린다. 아니, 오히려 도시에서의 운전으로 쌓여 있던 스트레스를 날리는 특효약이기도 하다.

노란색의 절벽이 눈에 띄기 시작한 것은 곧 12사도 바위가 있는 절벽이 가까워졌다는 표식이다. 뜸하던 도로와는 달리 커다란 주차장 옆에서는 세계적인 관광지라는 이름에 걸맞게 헬리콥터들이 연신 사람들을 싣고 쉴 새 없이 뜨고 내린다.

주차장에서 큰길을 가로지르는 지하차도를 지나 바다 쪽으로 향하면 절벽이 나오는데, 그 위로 관광객들을 위한 인도를 따로 만들어두었다. 가로무늬의 석회암층으로 이루어진 짙은 노란색 절벽은 파도와 바람에 의한 침식이 심해 작은 풀 한 포기도 없이 병풍처럼 둘러서 있다. 그 절벽 앞으로 역시 샛노란 색의 거대한 바위기둥들이 바다에 서 있는데, 이것이 그 유명한 12사도 바위이다.

호주 12사도바위 부근

대부분의 기둥은 아랫부분이 파도에 침식을 당해 가분수 모양
이 되어버렸다. 위태위태하게 서 있던 12사도 바위 중 다섯 개의
기둥이 최근에 파도를 견디지 못하고 쓰러져, 현재 일곱 기둥만
남아 있다. 남아 있는 일곱 기둥만으로도 자연의 위용은 충분히
맛볼 수 있지만, 언제까지 이 바위들이 이대로 서 있을지 미지수
라는 점이 안타깝다. 혹 다음에 이곳을 찾을 때는 몇 사도나 남
아 나를 반겨줄까?

　　저녁이 되어 일정을 되짚어보다 밥장이 아쉬움을 토로했다. 로
크 아드 협곡(Loch Ard Gorge)을 들르지 않고 그냥 지나쳐온 것이다.
미야자키 하야오 감독의 애니메이션《붉은 돼지(紅の豚)》의 배경이
되었던 장소로, 무척이나 아름다운 곳이라고 한다. 우리는 지나쳤
지만 이곳을 찾는 사람이라면 잠깐 시간을 내 가볼 만한 곳이다.
12사도 바위에서 서쪽으로 약 4km만 가면 볼 수 있는 가까운 거리
이다. 오늘 이동거리 : 241㎞, 총 이동거리 : 391㎞

그레이트 오션 로드의 12사도 바위 전경

로건 비치 전망대에서 만난 남방긴수염고래

　나는 내가 남들이 모르는 특별한 뭔가를 한 가지쯤은 가지고 있을 거라고 생각하고 산다. 예를 들어 내 맹장이 세계에서 제일 길다거나, 혹은 귓속에 세반고리관 하나가 더 있다거나……. 사는 데에는 아무런 도움이 안 되는 것들이지만 뭐 어떤가? 나만의 유일하고 신비한 무엇인가가 있다는 건 멋지지 않은가.

　어린 나에게 이런 생각을 심어준 것은 '로봇 태권브이'였다. 그런데 15년 전 뉴질랜드 카이코우라에서 만난 향유고래(Sperm Whale)에게 나는 그만 태권브이가 차지하고 있던 자리를 내주고 말았다. 압도적인 거대함에도 위협적이지 않고 깊이를 알 수 없는 그 눈빛…….

　향유고래를 만난 이후 그 신비함에 끌려 나는 남극 근처의 남빙양 여행에서, 아일랜드에서 여러 종류의 고래를 만나게 되었다. 그리고 만나면 만날수록 신비한 고래의 매력에 점점 더 빠져들었고, 더 많은 고래를 갈망하게 되었다.

활발하게 수영하는 남방긴수염고래

　그중에서도 가장 만나고 싶었던 꿈같은 존재인 남방긴수염고래 (Southern Right Whale)가 현재 숙소에서 불과 10분 거리에 10여 마리가 있다는 이야기를 들었다. 깊고 너른 바다에 살며, 어쩌다 보게 되더라도 저 멀리에서 거뭇한 점으로나 겨우 보이는 그런 위치가 아니라, 큰 소리로 부르면 목소리를 알아들을 수 있는 정도로 가까이, 바로 앞에 있다는 소식에 우리는 당장 달려가기로 했다.

　이 귀한 남방긴수염고래는 전 세계에 약 7,000마리밖에 남아 있지 않은 멸종 위기종이다. 전체 몸길이의 4분의 1에 해당하는 큰 머리와 눈에서 시작되는 커다란 아치형의 입을 가진, 독특한 생김새의 이빨이 없는 수염고래다. 사람 손 모양처럼 뭉툭한 앞지느러미와 몸매에 비해 맵시 있게 빠진 꼬리지느러미를 가졌으나 등지느러미는 없다. 다 자라면 길이가 18m, 무게는 무려 80톤에 달하는 검은색 거인으로, 신비함을 자랑한다.

　이번 여행 중, 아니 내 인생 여정 중에 하이라이트가 될 이 고래와의

이곳에는 고래 관측을 위한 전망대가 만들어져 있다.

만남을 위해 로건 비치 고래 전망대(Logan beach whale watching platform)에 도착했다.

로건 비치는 호주 남부의 안전하고 조용한 만으로, 7~8월이면 뿔뿔이 흩어져 거친 대양을 여행하던 고래들이 다음 세대를 준비하기 위해 짝을 지어 모여드는 로맨틱한 곳이기도 하다.

주차장에 캠퍼밴을 세운 후에 각자 망원 카메라를 들고 1분도 채 안 되어 전망대에 올랐다. 높은 위치에 길게 설치된 전망대 앞으로는 파노라마처럼 해변이 펼쳐져 있다. 드센 바람과 높은 파도에 '고래들을 볼 수 있을까?' 하는 불안한 마음이 드는 순간, 저 멀리에서 마치 뒤집혀진 선박처럼 거대한 검은 물체가 떠오른다. 큰 몸통을 뒤집자 앞지느러미가 보였다. 순간 모두의 입에서 탄성이 튀어나온다. 저 뭉툭한 손처럼 생긴 지느러미는 분명 서던 라이트 웨일, 남방긴수염고래다!

거친 바다가 눈에 익을 무렵 특별히 찾을 필요도 없이 여기저기에서 고래들이 뛰노는 모습이 눈에 들어온다. 하나, 두울, 셋, 넷, 다섯……. 그 큰 몸집을 뒤집기도 하고, 꼬리로 물을 내려치기도 하고, 물 밖으로 가만히 머리를 들기도 한다. 지금까지 본 어떤 고래보다도 더 에너지 넘치고 즐거워하는 모습, 마치 고래들이 사는 유토피아에 내가 초대된 느낌이었다. 드디어 나는 눈앞에서 꿈에 그리던 나의 '태권브이'를 보게 된 것이다. 오늘 이동거리 : 391㎞, 총 이동거리 : 782㎞

호주 와인의 자존심, 하디스 와이너리

　여행 시작 후 가장 긴 운전을 한 터라 적당히 쉴 수 있는 곳을 찾아 도착한 곳이 보더타운의 작은 홀리데이 파크였다. 새벽부터 달리는 화물차 소리에 놀라 깨어보니 1번 도로 바로 옆이었다. 오늘은 오후에 와이너리를 방문할 예정이어서 서둘러야 했는데, 분주한 도로가 오히려 도움이 되었다. 자고 일어난 침상을 정리하고, 운행 중에 탁자에서 뭔가가 떨어져 깨지거나 부서지는 것을 막기 위해 내부를 잘 고정하고, 식수를 채우고, 오수와 화장실을 비우면 출발 준비는 끝이다. 넓은 호주의 아웃백을 달리기 위해서는 연료를 점검하는 일이 가장 중요한 일과. 조금이라도 비어 있으면 가득 채워둬야 한다. 연료만 가득하다면 이제 넓게 쭉 뻗은 길을 따라 가기만 하면 된다.

Oomoo를 만들다, 하디스 스토리
얼마 지나지 않아 애들레이드에 있는 와이너리에 도착했다. 하디스

(Hardys)라는 브랜드의 와이너리이다. 스무 살에 단돈 3파운드(약 40만 원 정도)를 가지고 호주로 넘어온 영국 청년 토마스 하디의 이야기를 시작으로 와이너리의 역사는 막을 올린다. 그의 다이내믹한 이야기를 듣는 내내 20대 후반에 뉴질랜드로 이민을 한 나로서는 많은 생각이 떠올랐다.

목숨을 건 3개월의 여정 끝에 도달한 땅. 지금은 120만여 명이 사는 대도시지만 그 당시 애들레이드는 인구 10만 명이 조금 넘는 조용하고 한적한 곳이었다. 몇 년간을

● 하디스 와이너리 중 하나인 틴타라 와이너리
●● 최고의 맛을 위해 오크통에서 숙성 중인 와인

뼈가 부서져라 일한 끝에 젊은 토마스 하디는 뱅크사이드의 땅을 사 포도나무를 심었다. 당시의 상황에서 이 선택은 파격이었다. 왜냐하면 단기적인 수입이 가능한 농사나 목축업에 비해 와이너리를 조성하는 것은 간단한 일이 아니기 때문이다.

HARDYS WINERY
토마스하디가 영국에서
호주로 20살때 이민와서
각살에 창업한 와이너리.
1853년창업.
현재 하디스 5대채 운영중

첫 번째 관문은 첫 수확까지 약 4년이 걸린다는 점이다. 그는 4년 동안 자식 돌보듯이 매일 포도나무에 정성을 쏟았을 것이고, 그의 정성으로도 어찌할 수 없는 날씨나 병충해 앞에서는 간절한 기도로 버텨냈을 것이다. 4년째, 보라색으로 영근 첫 포도가 익어갈 무렵 그는 아마 감격의 눈물을 흘리지 않았을까?

애들레이드의 따사로운 햇볕을 받아 당도 높은 포도알을 하나하나 고르고 즙을 내 1차 발효를 한 후 참나무통에 넣어 다시 숙성하기를 3년, 이렇게 만들어진 와인은 술이 아니라 토마스 하디의 피와 눈물이었음을 알 수 있을 것만 같다. 그래서일까? 하디의 와인 브랜드인 'Oomoo'가 가슴에 박힌다. 1870년경 잘 만들어진 와인을 같이 일하는 애버리진(원주민)에게 맛을 보게 했는데, 그 사람이 'Oomoo'(애버리진 언어로 '좋다'라는 뜻)라고 대답한 뒤로 이 단어가 브랜드의 이름이 되었다고 전해진다.

어쨌든 이 Oomoo 시리즈를 시작으로 하디스 와이너리는 현재 매일 200만 잔 이상이 팔리는, 호주에서 가장 오래되고 유명한 와이너리 중 하나가 되었다. 현 사장인 윌리엄 하디가 5대째 내려온 가업을 물려받아, 160년이 넘도록 호주 와인의 역사와 자존심을 이어가고 있다.

와이너리에 도착하자 마케팅 담당자인 머디(Murdy) 씨가 우리 일행을 반갑게 맞아주었다. 한국에도 고객이 많기 때문인지 우리 일행에 무척 관심이 많다. 머디 씨에 이어 와인 메이커인 매튜 씨는 우리를 와이너리 구석구석까지 견학시켜주었다. 아쉽게도 8월 말은 포도를 따는 시기가 아니기 때문에 착즙을 위한 컨베이어나 프레스 발효조까지 모두 깨끗이 비워져 있어, 실제 만들어지는 과정을 보지는 못했다. 현재의 와인 생산은 생산 설비가 자동화되어 있어 거대한 스테인리스 통에서 1차 발효를 하고, 2차 발효 후 병에 담아 판매하는 형태이다. 이러한 대량 생산 방식은 옛날 방식에 비해 드라이하지만 덕분에 우리는 상당히 훌륭한 맛의 와인을 AU$10 이하의 저렴한 가격에 맛볼 수 있는 것이다.

견학을 마치고 나서 모두가 그렇게 기다리던 테이스팅을 위해 시음장에 도착했다.

와이너리 건물 앞에 있는 토마스 하디의 흉상

와이너리에서 일하는 것이 부럽다는 영만 형님의 말에 매튜 씨는 정작 자신은 와인을 전혀 마실 수 없다고 했다. 아침 8시 30분부터 와인을 점검하는데, 입에 들어간 와인을 절대 목으로 넘기지 않는 것이 직업적인 철칙이라고 얘기해주었다(조금씩 넘기다가 취하거나 미각이 마비되면 정확한 점검에 지장을 주기 때문일 것이다).

모든 직업에는 남들이 모르는 어려움이나 고통이 있는 법. 일과를 마친 매튜는 회사에서 음주 측정을 한 후 집에 도착하여 맥주 한 캔으로 하루 종일 억눌렸던 삼킴의 욕망을 달랜다고 했다. 그 말에 우리는 오히려 매튜 씨를 위로해야 했다. 오늘 이동거리 : 352㎞, 총 이동거리 : 1,134㎞

애들레이드 시내로의 소풍

　호주의 이민 역사에서 드물게 죄수가 아닌 진보 이민자들이 만든 도시 애들레이드. 저녁 늦게 애들레이드 캐러밴 파크★에 도착한 우리는 이곳에서 휴식을 위해 이틀 밤을 묵고 다시 출발하기로 했다. 캠퍼밴 여행에서 휴식은 여행보다 더 중요할 때도 있다.

　눈이 부숭부숭할 정도로 늦잠을 자고 나니 해가 중천에 떠 있다. 오늘처럼 화창한 날씨는 청소하기 좋은 날이다. 나무 사이에 줄을 연결해 빨래를 넌다. 햇볕에 뽀송뽀송하게 말린 이불처럼 기분을 좋게 하는 것도 드물다. 이불을 말려 먼지를 털어내고, 창문을 모두 열고 바닥을 쓸고 나면 마음이 한결 가볍다. 그리고 나니 부담 없이 시내에 소풍 가는 일만 남았다.

　우리가 머무는 이곳 캐러밴 파크에서 애들레이드 시내까지는 4㎞ 정도에 불과하다. 얽히고설킨 세상을 살아가야 하는 사회적 근엄함도, 가장이라는 삶의 무게 따위도 캠퍼밴 구석에 처박아버리고, 새털처럼 가

애들레이드 시내 모습

벼운 마음으로 작은 짐만 챙겨서 애들레이드 시내를 향한다. 마치 인생
이라는 학교에 다니는 여섯 명의 개구쟁이들이 소풍을 가는 것마냥 다
들 들떠 있다.

그림을 잘 그리고 스포츠를 좋아하는 6학년 허영만 학생은 어제 아
침 허리가 삐긋해 가벼운 배낭을 어깨에 메었고, 모범생처럼 생겨 운동
을 싫어하는 동급생 김봉주 학생은 손에 무얼 들고 다니기도 귀찮아 빈
손으로 나왔다. 우량아로 꼼꼼한 성격을 가진 5학년 정상욱 학생 역시
허리가 아파 배낭을 멨고, 어렸을 때 신동이라고 칭찬이 자자했던 3학
년 밥장 학생은 꽃무늬가 그려진 재활용 장바구니를 들고 나섰다. 그리
고 몇 년 전 다리가 부러졌지만 이곳 지리를 잘 아는 4학년 김태훈이 앞
장을 섰다. 늘 쾌활하고 에너지가 넘치는 정용권 학생은 목의 신경통이
도져 무리에서 빠져 하루 쉬기로 했다. 아무튼 다들 오늘 하루만큼은

남호주를 한눈에 볼 수 있는 사우스오스트레일리안 박물관

세상에서 가장 편한 마음이다. 객쩍고 재미없는 농담이라도 큰 웃음이 나온다. 어쩌면 여행자에게 가장 큰일은 잘 노는 것일지도 모른다. 그러므로 우리는 오늘 가장 큰일을 잘하고 있는 셈이다.

애들레이드 시내를 관통하는 카라위라 패리(Karrawirra Parri)강(토렌스강Torrens River이라고도 부른다)을 따라 나 있는 산책로를 걸어 시내로 천천히 들어갔다. 길가에 피어 있는 꽃이나 풀잎을 보면서 가느라 도착한 시간이 10분 정도 늦어졌지만 인생학교에서는 훨씬 지혜로운 선택 아닌가. 느려진 시계추 같은 우리의 걸음이 더없이 느긋하고 편안한 분위기를 만든다. 긴장과 싸우느라 굳어진 몸과 마음을 치유하기에 이만한 게 없다.

도시 북쪽에는 애들레이드 대학교를 중심으로 박물관과 아트 갤러리가 줄지어 있다. 먼저 점심을 먹고 사우스오스트레일리안 박물관으로 향한다. 박물관은 그 지역의 과거와 현재, 자연과 동식물, 생활과 문화까지 모두 집약된 목차와 같은 곳이다. 박물관을 보고 나면 전체 도시에 대한 윤곽이 잡혀 그곳을 이해하는 데 도움이 된다. 박물관에 도착한 우리는 한 시간 30분 후에 입구 카페에서 만나기로 하고 자유 시간을 갖기로 했다.

박물관은 크게 이 지역의 자연과 애버리진의 생활사를 보여주는 부분으로 나뉜다. 과거 원주민들의 독특한 생활방식과 억울했던 억압의 세월, 그리고 인간의 역사보다 훨씬 앞선 시기부터 이 땅의 참 주인이

● 애들레이드에서 제일 에너지 넘치는 곳. 애들레이드 재래시장
●● 만들기 전에 예약 구매를 해야 할 정도로 인기 있는 해물 파에야   ●●● 신선하고 다양한 재료를 한곳에서 모두 구매할 수 있다.

었던 수많은 생명들의 흔적으로 가득하다.

　다음 행선지는 애들레이드의 재래시장이다. 내일부터 시작될 사막 종단에 앞서 준비해야 할 각종 야채와 과일, 고기를 채우기 위해 장을 보기로 했다. 평일에는 오후 5시 30분까지 문을 열지만 매주 금요일은 밤 10시까지 영업을 한다. 세계 각지에서 온 이민자들이 살아가는 호주의 재래시장은 그야말로 음식 천국이다. 베트남, 태국, 한국, 스페인, 이탈리아, 터키 등 세계 각국에서 온 사람들이 진수성찬을 차려놓고 손님들을 기다린다. 우리는 캠퍼밴에서 기다리고 있는 불쌍한 정용권 사진가를 위해 스페인 음식점에서 해물 파에야(Paella, 스페인식 쌀 요리)를 사고는 짧은 애들레이드 소풍을 마치고 캠퍼밴으로 돌아왔다.

　어느새 깜깜해진 밤. 아침의 청량한 기운이 포근하게 바뀌어 있다. 하루 종일 걸어 다닌 행복한 피로감을 꿀잠이 풀어줄 것이다. 내일 아침이면 다시 긴 여행을 떠날 몸과 마음이 되어 있을 것이다.

오늘 이동거리 : 0km, 총 이동거리 : 1,134km

★ 애들레이드 캐러밴 파크 Adelaide Caravan Park
www.aspenholidayparks.com.au/our-parks/adelaide-caravan-park/
Address: 46 Richmond St, Hackney SA 5069, Australia
Phone: +61 8 8363 1566

★ 애들레이드 캐러밴 파크의 두 가지 장점 :
1. 시내와 가까워서 걸어 다닐 수 있다.
　근처의 동물원에 가면 시내 주요 지점을 도는 무료 셔틀이 있다.
2. 근처 호수에 머리와 어깨를 안마할 수 있을 정도로 수압이 끝내주는 샤워장이 있다.

아웃백 운전은 졸음과의 전쟁

　오늘 여행할 총 거리는 500㎞가 넘는다. 한마디로 대장정이다.

　호주 중앙 종단 도로(A87번)를 운전하는 것은 쉽고도 어려운 일이다. 특별한 핸들 조작이 필요 없어 보이는 쭉 뻗은 직선도로는 얼핏 보면 만만해 보인다. 아니, 사실 직접 운전해보면 만만하기도 하다. 교통 체증도 신호등도 횡단보도도 급커브도 없는 길을 110㎞에 맞춰 크루즈 컨트롤 기능으로 운전하면 앞창으로 느리게 움직이는 지평선만 계속 지나갈 뿐이다. 그렇게 한참 가다 보면 심지어 속도감도 느끼지 못하고, 내가 운전을 하고 있다는 것도 잊게 된다. 마치 최면에 걸린 것처럼, 깊은 명상에서 느끼게 되는 평화로움과 안정감, 4K 고화질로 보이는 경치와 하늘의 파노라마. 허나 이때를 조심해야 한다. 소리 없이 다가오는 죽음의 사신이 있다. 다름 아닌 졸음이다.

　호주 종단 도로의 대형 사고 원인은 대부분이 졸음운전이다. 거기다가 운전자의 피곤이 겹쳐진다면 치사율이 훨씬 더 높아진다. 무리한 일정으로 더 많은 곳을 보려는 욕심이 때로는 치명적인 결과를 낳게 된다. 이런 이유로 호주 아웃백 운전을 결코 만만히 봐서는 안 된다. 이를 방지하는 첫 번째 방법은 충분한 여유를 가지고 일정을 짜는 것이다.

오늘 이동거리 : 515㎞, 총 이동거리 : 1,649㎞

호주 아웃백의 시작, 아직은 적도와 거리가 멀어 작은 관목들이 비교적 많이 덮여 있다.

1. STOP, REVIVE, SURVIVE

출발 전에 운전 계획을 꼭 짤 것. 가능하면 무리한 운전을 하지 않도록 한다. 운전 시 피곤함은 졸음을 부르는 강력한 메신저다. 두 시간 운전마다 교대하거나 휴식을 취하는 것이 좋다.

2. 주유 계획

한번 주유를 놓치면 사막에 고립될 수도 있다. 그러므로 미리 지도를 보고 주유 계획을 철저히 짜서 운행해야 한다. 한국의 거리로 따지면 서울–대전 사이에 주유소가 단 하나도 없는 곳도 있다. 여름이면 50도가 넘으며 그늘 하나 없는 곳에서 고립되는 경험은 평생의 트라우마로 남을 수 있다.

3. 안전벨트

설명하지 않아도 될 정도로 중요한 내용.

4. 로드킬

길에서 주로 캥거루, 양, 소 같은 비교적 큰 동물들과 많이 만나게 된다. 이들을 피하기 위해서는 야생동물이 활발하게 움직이는 새벽이나 컴컴해지는 저녁 시간에는 운전을 하지 말 것. 어쩔 수 없이 로드킬 상황이 된다면 피하지 말고 진행 방향 그대로 가야 더 큰 사고를 막을 수 있다. 도로를 지나다 보면 실제로 사고로 죽은 캥거루 사체를 많이 보게 된다.

정정 캥거루 사체가 놀라있다
까마귀들 잔치상이다

5. 로드 트레인

로드 트레인은 호주 중앙 사막 지역을 관통하는 길이 50m 이상의 긴 차량을 말한다. 많을 때는 세 개의 트레일러를 연결해서 다니기 때문에 추월하려면 최소 1km 이상의 뻥 뚫린 긴 직선로가 필요하다.

6. 애버리지널 랜드

호주 원주민들이 사는 원주민 거주 구역인 애버리지널 랜드에 가려면 인포메이션 센터를 통해 관련 기관의 허가를 받아야 한다.

7. 스피드

쭉 뻗은 직선 도로에 차량은 거의 없는, 한국인은 태어나서 처음 만나게 되는 도로 상황이다. 이 상황은 분명 운전자의 속도 본능을 자극할 것이다. 그러나 절대 과속하지 말 것. 사우스오스트레일리아 주는 시속 110km, 노던 테리토리는 시속 130km가 최고 속도이다.

8. 알코올

음주운전은 당연히 하지 말아야 한다. 만약 걸리게 되면 여행은 끝이다. 여행을 마치고도 남을 엄청난 벌금은 덤이다.

9. 앞차의 먼지

비가 거의 오지 않는 비포장 지역에서 앞차를 따라가다 보면 자욱한 먼지로 인해 시야가 방해를 받아 사고가 나는 경우가 많다. 앞차와의 거리를 충분히 두고 서행하는 게 좋다.

10. 홍수 지역

호주는 넓은 평지 지역이 많아 큰비가 내리면 범람하는 도로가 많다. 잠긴 도로를 건너야 할 경우에는 반드시 물의 깊이를 확인한 후 시도해야 한다. 만약 애매한 상황이라면 수심이 낮아질 때까지 기다릴 것.

흰 소금의 하트호수, 굴속의 마을 쿠버페디

끝없이 펼쳐진 소금 호수 레이크 하트

    사막의 밤은 칠흑 같고 새벽은 쌀쌀하다. 그러나 아침 햇살은 대지를 불살라버릴 듯 붉다. 한 줄기 빛이 캠퍼밴 속으로 들어와 창문을 열었더니 어느새 아침. 눈을 뜬 우리는 하트 호수(Lake Hart)의 물에 손이라도 한 번 담그고 싶어 오솔길을 걸었다. 호수로 향해 있는 발자국을 따라가다 보니 철길이 나온다. 어제 저녁, 100량은 족히 되어 보이는 끝없이 긴 기차가 지나던 바로 그 철길이다. 철길을 넘어가자 호수가 점점 가까워진다. 그런데 신기하게도 수면이 깨끗한 얼음처럼 미동도 없이 잔잔하다. 수면이 물이 아니라 소금이라는 것을 알게 된 것은 1분도 지나지 않아서였다. 멀리서 보면 물처럼 보이는 호수가 실제로는 온통 흰 소금이었다. 끝없이 펼쳐진 이 커다란 하트 호수가 소금으로 이루어졌다는 것이 믿기지 않는다.

    파란색 하늘과 흰 소금, 두 단색으로만 이루어진 너무나도 단조로운

● 호주 궁앙을 송단하는 철로
●● 물이 없는 호수, 하트 소금 호수

이곳 풍경에 형언할 수 없는 뭔가가 느껴진다. 뭐랄까? 거대한 폭포의 웅장함이나 끓어오르는 화산과도 다른 기묘한 감동이 있다. 눈부신 풍경을 보고 그 형상을 이해하고 이미지를 해석하기 위해 머릿속이 재빠르게 움직인다면, 단순해서 텅 빈 이 소금 호수는 뭔가를 채우지 않으면 안 될 듯해 상상력을 자극한다. 현실이지만 도무지 현실 같지 않은 이 부자연스러운 장면이 마치 비어 있는 영화 스크린 같다. 오늘의 영화 제목은 《소금에 속음》.

오팔 광산이 있던 쿠버페디

호수에서 돌아온 우리는 아침을 먹고 오늘의 목적지인 쿠버페디 (Coober Pedy)로 출발하기로 했다. 그런데 2호차는 어제 마지막 주유소에서 기름을 넣지 못해, 왕복 80㎞에 이르는 길을 되돌아가 주유를 하고 와야 한다. 한참을 기다리고 있던 중 2호차로부터 다급한 전화를 받

Coober Pedy City는 특별하다
OPAL 광산이 많아서 생긴도시이다.
집들의 모양도 땅을 옆으로 파고들어가서 지붕만 덮을
꼴이다. 이 도시 주변에 아직도 오팔 광산이 넓게
펴져 있다.

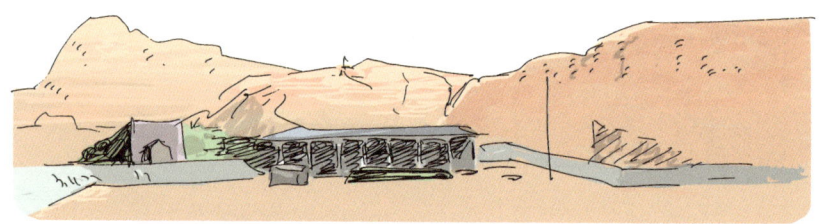

았다. 캥거루 한 마리를 치었단다. 그나마 다행스러운 것은 사고 직전
속도를 많이 줄여 캥거루가 살아서 돌아갔고, 캠퍼밴에도 큰 문제가 없
다는 것이다.

오늘의 햇볕은 선글라스를 끼지 않고는 견딜 수 없을 만큼 따갑다.
햇볕에 데워진 도로는 물에 젖은 듯한 신기루가 보인다.

쿠버페디는 흰둥이 굴(Coober: 흰둥이, Pedy: 굴)이라는 뜻의 마을이다.
이 마을은 사람이 살 수 있을까 싶을 만큼 덥고(여름 온도는 섭씨 50도가
훌쩍 넘는다) 거칠기로 유명하다. 그래서 사람들은 극한의 더위를 피해
땅을 파서 굴속에 집을 지었다. 굴 밖으로는 환기구만 삐죽이 나와 있
다. 이곳이 핵전쟁으로 황폐해진 지구를 배경으로 한 영화《매드 맥스
(Mad Max) 3》에서 자욱이 먼지 날리던 장면을 찍었던 곳이라면 더 설명
이 필요 없을 것이다.

마을 입구 주유소 건너편에 주수소(유료 물 공급소)가 있어, 캠퍼밴이

● 창문이 없는 쿠버페디의 집들은 방의 천장을 통해 환기구를 외부로 뽑았다.
●● 지하 오팔 광산 박물관. 실제로 광산이었던 곳이다.   ●●● 마을에 설치되어 있는 코인 전용 유료 수도

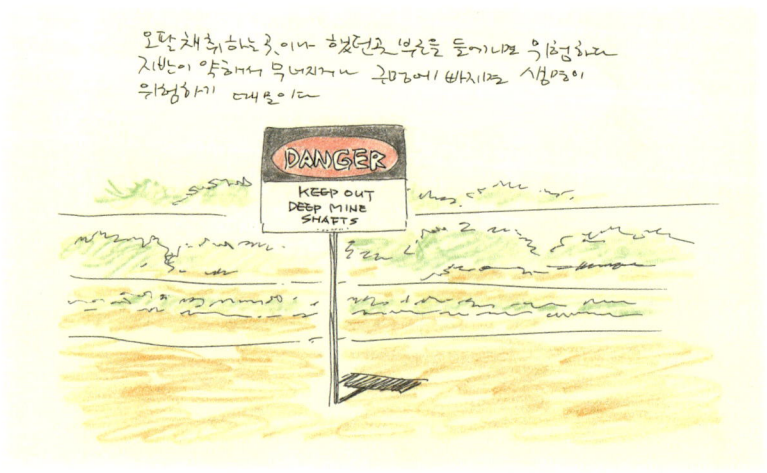

오팔 채취하는 곳이나 헛던조 부근들 들어가면 위험하다 지반이 약해서 무너지거나 구덩이에 빠지고 생명이 위험하기 때문이다

나 캐러밴 여행자들이 물을 채우기 위해 줄을 선다. 워낙 염분을 많이 머금은 지하수질 때문에 정수를 했어도 물맛은 형편없다. 사람 사는 곳이라 골프장도 있지만 페어웨이에는 풀 한 포기 없고 그린은 기름 먹인 흙으로 대체되어 있다. 도대체 푸름이라곤 찾기 힘든 쿠버페디 마을에 점수를 매기자면 당연히 낙제점일 것이다. 그러나 이 열악한 마을에도 특별한 점이 있다. 바로 보석의 여왕이라는 오팔(Opal)이 묻혀 있는 곳이기 때문이다.

아무리 귀한 보석이라도 한 가지 색만을 가지고 있는데, 오팔은 형형색색 다양한 색깔을 띤다. 눈을 휘둥그렇게 하는 그 갖가지 색으로 귀부인들을 홀렸으리라. 허나 화려한 보석의 이면에는 수많은 고통이 숨어 있기 마련이다. 쿠버페디도 마찬가지로, 수많은 사람들이 오팔을 발견하여 고난의 세월을 보상받고자 희귀한 '잭 팟'이 터질 확률에 인생을 걸고 하루하루를 살아간다. 아주 드물게 오팔을 찾은 해피엔딩도 있지만,

남은 인생마저 광산에 묻어버리는 안타까운 경우가 대부분이다.

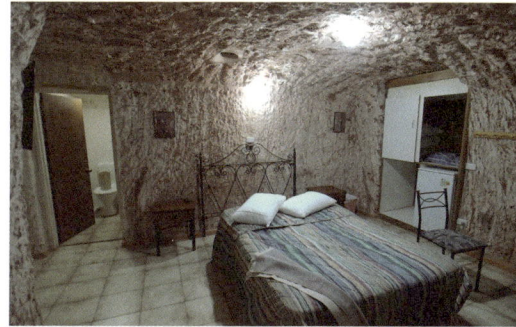

오늘은 다시 하기 힘든 경험을 해보기 위해 지하 모텔에서 하룻밤을 보내자는 데 의견이 모였다. 앞으로 이틀을 노숙해 비용을 줄인다는 조건으로 짠돌이 총무 상욱 형의 허락을 얻어 땅을 파서 만든 라데카 다운언더 모텔(Radeka Downunder Motel)에 들어갈 수 있었다.

밖에서 보는 것과 달리 방은 훌륭했다. 방음이 잘 되어 아주 조용하고, 무척 덥고 불쾌한 바깥에

쿠버페디의 모텔. 온도와 습도가 일정해서 생각보다 훨씬 쾌적했다.

비해 서늘함을 느낄 정도로 시원하다. 자세히 보니 땅을 파서 만든 방이라기보다는 부드러운 바위를 깎아 만든 방이라는 것이 더 맞는 설명이겠다. 벽은 자연이 만든 불규칙한 무늬를 그대로 살려 무척이나 아름다운데, 소리의 울림을 막기 위해 세로로 깊게 파낸 줄무늬 요철까지 그대로 살아 있어 신기하다.

창문이 없어 내일 아침은 해가 중천에 떠도 모르고 잘 수 있을 것 같다.

오늘 이동거리 : 406㎞, 총 이동거리 : 2,055㎞

사막의 오아시스 로드하우스

　사람의 손길이 거의 닿지 않은 호주 중앙 사막 지역으로 실핏줄 같은 도로가 있다. 그러나 로드하우스(Roadhouse)가 없다면 누구도 사막 지역을 오갈 수 없을 것이다. 마치 오아시스와 같은 이 로드하우스에는 주유소, 모텔, 슈퍼마켓, 레스토랑 등이 있어 꼭 필요한 기능을 한다. 우리가 지난 며칠간 사막을 지나오면서 멈췄던 곳들이 모두 로드하우스가 있는 곳들이었다. 황량하기 그지없는 아웃백에서 물이라도 한 잔 사 마실 수 있는 곳은 여기밖에 없다.

　이글거리는 태양 아래 끝없는 사막을 달리다가 주유와 점심을 해결하기 위해 말라(Marla) 로드하우스에 도착했다. 아마 이곳에서 먹는 점심이 사우스오스트레일리아주에서 먹는 마지막 식사가 될 것이다. 곧 경계를 지나면 노던 테리토리(Northern Territory)로 넘어간다.

　그늘에 차를 주차하고 뒤따라오는 2호차를 기다렸다가 로드하우스에 들어갔다.

　　로드하우스 안에서 일하는 사람들의 표정이 바깥 풍경처럼 건조하다. 짜든 싱겁든 입맛 따라 손님을 선택할 수도 없고, 그렇다고 해서 단골을 만들 수 있는 환경도 아닌 입장이니 살가울 이유가 별로 없어 보인다. '길'은 도시의 사람들을 계속해서 실어 나르는 컨베이어 벨트일 뿐 그 이상도 이하도 아니다. 아무리 많은 사람들이 온다고 해도 로드하우스 주인에게 서비스 마인드 따윈 필요 없다. 도시에서 몇 푼의 돈으로 겨우 연결되어 있는 얇은 인간관계조차 여기서는 거의 찾아볼 수 없다. 서로 난생처음 본 사람, 가고 나면 언제 다시 볼지도 모르는 단 5초간의 만남일 뿐이다. 기름을 넣고 몇 가지 주전부리를 사면서 나누는 서너 마디로 이 인연은 끝이다.

　　우리를 보는 주인의 표정이 지루하기 짝이 없다. 생각해보니 이해가 안 되는 것도 아니다. 악착같이 돈을 모아봤자 이 외딴 곳에서 쓸 데도 없으니 돈은 그냥 물건을 주고받는 또 다른 물건에 지나지 않을지도 모른다. 지루한 일상의 반복일 것이다.

주인이 어떤 표정을 짓든, 로드하우스가 없다는 것은 상상도 할 수 없는 일이다. 로드하우스에서 구매하는 것은 단순한 음식과 연료가 아니다. 우리에겐 생존을 사는 일이다. 이곳이 없다면 다음 목적지인 울룰루에 영원히 갈 수 없기 때문이다. 그러므로 좀 맘에 들지 않더라도 로드하우스가 이곳에 있는 것 자체를 고마워하기로 하자. 기름이 좀 비싸도, 음식 맛이 좀 없어도……

아웃백 지역이 시작되는 포트 오거스타(Port Augusta)부터 앨리스스프링스(Alice Springs)까지는 일곱 개의 로드하우스가 있다. 작은 마을에 로드하우스가 만들어져 있기도 하지만, 어떤 곳은 로드하우스 하나가 마을의 전부이기도 하다. 각각의 로드하우스에서는 기름과 먹을거리뿐만 아니라 도로 상태에 대한 정보 등도 제공하고 있어, 사막 여행자들에게 오아시스 역할을 톡톡히 해준다.

〈사막의 오아시스〉 ROAD HOUSE
자동차 기름이 떨어질만한곳에 주유소.
식당. 잡화점이 있다.

포트 오거스타 Port Augusta

174 km

핌바 Pimba
약 50명의 주민이 사는 핌바에는 스퍼즈(Spuds) 로드하우스가 있다. 숙식을 제공하는 호텔과 주유소, 레스토랑이 있다. 바로 옆 마을인 우메라(Woomera)에는 미사일 개발과 항공 우주 개발을 위한 기지가 있다.

122 km

글렌담보 Glendambo
다음 주유소인 쿠버페디까지는 254㎞ 떨어져 있다. 만일 기름이 가득 차 있지 않으면 무조건 가득 채우는 것이 좋다. 인구 30명이 산다.

254 km

쿠버페디 Coober Pedy
총인구 1,700명 정도로 이 근방 최대 마을이다. 전 세계 오팔의 수도라고 부른다. 여름에는 50도를 쉽게 넘길 만큼 날씨가 더워, 지하에 굴을 뚫어 집을 지었다.

155 km

캐드니 파크 Cadney Park
간단한 캐러밴 파크와 주유소, 자동차 정비소가 있으며 시원한 맥주를 판매하는 곳이다.

80 km

말라 Marla
인구 245명의 아주 작은 마을이지만, 말라 로드하우스 앞에는 나무를 많이 심어 쉴 만한 그늘이 많다. 다른 곳에 비해 시설이 괜찮은 편이다.

192 km

쿨게라 Kulgera
사우스오스트레일리아의 마지막 휴게소이다.

85 km

얼둔다 Erldunda
노던 테리토리에서 울룰루로 꺾이는 길에 위치한 로드하우스. 내부에 에뮤와 캥거루를 기르고 있다.

199 km

앨리스스프링스 Alice Springs

오늘 밤은 얼둔다 부근 아웃백에서 완벽한 노숙을 했다.

아웃백의 밤은 인간이 만들어놓은 싸구려 불빛이 간섭하지 않는 한 하늘의 고귀한 별빛을 보여준다. 저 먼 우주의 각기 다른 곳에서 각기 다른 시간에 출발한 별빛들이 오늘 이 밤, 우리가 있는 이곳으로 도착하여 보이는 이 경이로움. 수많은 이방인 별빛과 함께하는 오늘 밤은 더 거룩하다.

호주 중앙 황무지 사막은 몇 가지 특별한 점이 있다.

우선 낮에 무지하게 덥다. 그래서 시원한 날씨가 그립다.

하지만 해만 떨어지면 꽤 쌀쌀한 날씨가 된다.

어제도 오늘도 내일도 모레도 맑다.

그래서 빨래는 참 잘 마른다.

오늘 이동거리 : 514㎞, 총 이동거리 : 2,569㎞

사막의 밤공기는 신선하고 별은 아름답다.

NORTHERN TERRITORY
노던 테리토리

울룰루

카타추타

와타르카 국립공원

킹스캐니언

앨리스스프링스

데블스 마블스

마타랑카

엘시 국립공원

카카두 국립공원

다윈

리치필드 국립공원

다윈

리치필드 국립공원

카카두 국립공원

마타랑카

NORTHERN
TERRITCRY

킹스캐니언

앨리스스프링스

울룰루
카타추타

WESTERN
AUSTRALIA

QUEENSLAND

쿠버페디

SOUTH
AUSTRALIA

NEW SOUTH

WALES

애들레이드

시드니

VICTORIA 멜버른

토키 베이

TASMANIA

세상의 중심 울룰루를 만나다

특별조치 5일이 선포되다

아침에 일어나자마자 허영만 형님이 일행 전체에 금주 5일을 선언하는 '특별조치'를 발표했다. 지난 며칠 동안 자율 음주 룰을 악용해 매일 밤 과음을 하는 2호차 멤버들을 보호(?)하기 위한 특별한 보호조치이기도 했다. 집을 떠난 나이든 청춘들이 자연 속에서 마음껏 웃으며 지낸다는 '집단가출' 특유의 호기로움으로 "답답한 규율 따윈 개나 줘버려~"라고 해방감을 만끽했으나 돌아온 것은 결국 새로운 규칙이었다. 우리는 일단 대장의 말이니 따르기로 했다.

자유의 인증과 같은 주민등록증을 받은 이후 20대에 무절제한 흡연과 음주, 커피 등으로 심하게 망가져 고생해본 나로서는 절제되지 않은 자유가 얼마나 큰 해가 되는지를 알기에 내심 박수를 쳤다.

놀러 와서 뭘 그렇게 팍팍하게 구느냐고 생각하는 사람도 있겠지만, 엄밀히 말해 우리는 놀러온 것이 아니라 여행을 온 것이다. 새로운 것을 보고 듣고 느끼면서 이 여행이 끝나갈 무렵에는 어제보다 더 나은 자신과 만나기를 기대한 여정이다. 평소에는 결코 해볼 수 없는 일을 하게 되고, 현실의 스트레스를 풀어 마음을 깨끗이 내려놓을 수 있는 기회이기도 하다. 그런 관점에서 보면 영만 형님의 '특별조치'는 괜찮은 타이밍이었다.

하지만 언제까지 지켜질지는 미지수다. 그동안 이 형님들과의 여행 경험에 비춰볼 때, 장담하건대 5일 금주는 무리다. 작심삼일이겠지? 아니면 내가 성을 간다!

어쨌든 시작은 모두 흔쾌히 실천하겠다는 의지를 보였다.

세계에서 가장 유명한 바위, 울룰루

울룰루(Uluru)는 호주에서 가장 유명한 곳이다. 뿐만 아니라 세계에서 가장 유명한 바위일 것이다. 단 하나의 바위 덩어리로 이루어진 울룰루

호주 대륙의 중심 울룰루. 사진이 아닌 실제 모습을 보면 그 규모에 놀라게 된다.

가 이렇게 유명한 것은 우선 그 말도 안 되는 크기 때문이다. 높이 348m
에 둘레가 무려 9.4㎞에 이르는 이 어마어마한 바위는 사실 땅 위로 3분
의 1밖에 나와 있지 않다. 땅속에 박혀 있는 바위까지의 높이는 1,000m
에 이른다. 사진으로만 봐서는 결코 느낄 수 없는 엄청난 크기로, 가까이
갈수록 더욱 커지는 울룰루는 결국 모든 시야를 완전히 뒤덮는 붉은 장
막같이 앞을 가로막는다. 압도당한 우리는 할 말을 잃는다.

　울룰루를 '세상의 중심'이라고 한 원주민들의 말이 이해가 된다. 물론
그들에게는 물리적인 중심 이상의 신성함이 깃들어 있는 존재겠지만 그
조차 공감이 간다. 현재 원주민이 살고 있는 북서쪽을 제외하고는 모든
방향에서 볼 수 있는데, 방향에 따라 그 모양이 완전히 달라 보인다. 워
낙 크기 때문에 주변 식생도 다르게 나타난다. 명불허전. 멋진 풍경으로
서 사진 속에서 보았던 울룰루가 초라하게 생각될 만큼, 죽기 전에 한 번
은 직접 눈으로 봐야 할 존재다.

Ayers Rock (ULURU)
높이 348m 둘레 9.4km 세계에서 가장 큰 바위덩어리
땅속에 5킬로를 박혀있다. 여행자는 탐서을
내지만 원주민은 울룩루 정상에 올라가는것과 사진촬영을
말린다. 그들의 성지이기 때문이다.

울룰루에 오는 사람들은 꼭 바위 위로 오르려 한다. 특별한 이유는 없
다. 기껏해야 사진을 몇 장 찍거나 꼭대기에 오르는 체험을 즐기기 위함
이다. 그런 사람들을 위해 울룰루에 구멍을 뚫고 기둥을 박아 난간을 만
들었다. 순전히 더 많은 관광객을 오게 하자는 상업적 이유에서였다. 얼
마나 어리석은 일인지. 이 난간은 수억 년의 세월 동안 완벽하게 다듬어
진 울룰루에 추한 흠집을 남기고 말았다.

울룰루는 단순히 이 지역 관광조합의 소유가 아니다. 당연히 호주 정
부의 소유도 아니다. 하찮은 역사를 가진 인류가 생겨나기 훨씬 이전부
터 그 자리에 있었던 울룰루는 지구상 모든 부를 합친다 해도 소유할 수
있는 그런 것이 아니다.

헤아릴 수 없는 수많은 시간(최소 몇 만 년) 동안 이 바위와 함께 살아온
아낭구족(Anangu, 울룰루 근처의 애버리진 중 한 종족)에게 울룰루는 절대적인
구심점이자 겸손과 사랑이라는 창조주의 메시지를 전달하는 메신저라고

한다. 그들의 삶과 문화가 켜켜이 쌓여 전설이 되어 있는 신성한 이 울룰루에 사람들이 마구 올라간다는 것은 아낭구족에게 커다란 고통이다.

그들의 영적 고향인 이곳을 오르다가 떨어져 죽은 사람들도 있었는데, 이 죽음이 아낭구족에게는 단순한 사고가 아니다. 그들은 마치 자신들의 죽음처럼 여기며 비통과 큰 슬픔에 빠진다. 단순한 호기심으로 꼭대기에 오르려는 사람들에게 생긴 사고 자체도 비극이지만, 그로 인해 아낭구족 사람들이 반복적인 고통을 겪고 있다는 것은 많은 생각을 하게 했다.

그래서일까? 현재는 호주 정부도 울룰루 등반을 반대하고 있다(울룰루-카타추타 국립공원 관리이사회는 만장일치로 2019년 10월부터 울룰루 등반을 전면 금지하기로 결정했다고 한다).

해가 천천히 서쪽 지평선으로 내려갈 즈음 울룰루를 뒤로하고 멀찍이 물러섰다. 대지라는 프라이팬 위에 붉은 태양의 열기로 잘 익은 거대한 빵 덩어리가 거기 있었다. 모든 인간의 허기를 채우고도 남을 빵, 한 조각 떼어 먹으면 영혼이 채워질 것만 같은 황홀한 석양이었다. 진짜 울룰루는 그 석양 속에 있었다. 평생 잊히지 않을 만남이었다.

오늘 이동거리 : 273㎞, 총 이동거리 : 2,806㎞

카타추타, 바람의 계곡 트레킹

에어즈락(울룰루) 캠핑 그라운드에서 아침 샤워를 하는데 비누 거품이 잘 나지 않는다. 머리를 감는데도 마치 밀랍을 부은 듯 무겁게 엉킨다. 사막 한가운데서 나는 지하수가 센물이라 그렇다. 할 수 없이 멋쟁이가 되는 건 포기하고 선크림이나 덕지덕지 바르고 하루를 시작했다.

사막 생태계의 중요한 일원, 사막 파리

카타추타(Kata Tjuta)로 가는 길에 파리들이 요란스럽게 우리를 환영한다. 비교적 덜 뜨거운 8월 말이라 한여름보다는 덜하지만, 사막의 파리는 무한 번식력을 자랑하는 생명체이다. 알에서 구더기를 거쳐 성체가 되어 다시 알을 낳는 기간이 채 두 달이 걸리지 않고, 1년 동안 일곱 세대를 거치며 한 마리당 한 번에 120개의 알을 낳는다. 한 마리가 1년에 500만 마리가 넘는 파리를 생산하는 셈이다. 이 녀석들은 도시에서 보는 파리보다

파리를 피하는 최고의 솔루션,
'그물 모자'를 착용한 허영만 화백

체구가 작은데, 도회지 파리의 영악함이나 약삭빠름이 없는 대신 막무가내다. 쫓기 위해 손을 휘휘 저어도 꿈쩍 않고, 얼굴에 앉아 있는 놈을 내려쳐도 피할 줄 모른다. 캥거루 똥이나 소똥에 붙었을 더러운 입으로 눈이건 콧구멍이건 물기를 찾아 얼굴을 핥아대는 이 겁 없는 녀석들에게는 당해낼 재간이 없다. 특별한 재주나 지능도 없는 이 녀석들이 엄청난 번식으로 호주의 사막 전체를 장악했다.

우리는 이렇게 많은 파리 때문에 괴롭지만, 이들도 사막 생태계에서는 매우 중요한 역할을 한다. 사막에 사는 많은 파충류에게 생명을 이어주는 중요한 먹이가 되기 때문이다. 가만히 귀 기울여보면 근처 도마뱀의 환호

가 들릴 것 같다. '올해도 파리가 풍년이네~.'

≪바람 계곡의 나우시카≫의 배경이 된 카타추타

만약 여기까지 와서 카타추타를 보지 않는다면 울룰루를 절반만 본 것과 같다. 울룰루의 명성에 가려 덜 알려져 있지만 울룰루에서 약 50㎞ 떨어진 곳에 있는 카타추타는 정말 멋진 곳이다. '여러 개의 머리'라는 뜻의 이 계곡은 일본 애니메이션 영화의 거장 미야자키 하야오 감독의 수작 중 하나인 ≪바람계곡의 나우시카≫의 배경이 된 곳이다.

아름답다기보다는 기이하다고 하는 것이 더 옳은 표현이겠다. 마치 다른 별에 와 있는 것처럼 느껴진다. 가는 길은 주변 사막과 어울리지 않을 정도로 푸르른 쿨카라(Kurkara: 얼핏 보면 녹색 망토를 걸친 커다란 전사같이 생겼다)를 제외하고는 온통 누런 찬피(Tjanpi) 풀로 가득 덮여 있다. 이 거친 환경에서 살아온 애버리진은 그들만의 삶에 필요한 완벽한 문화와 지식을 갖추고 있었다. 조상에게 물려받은 DNA를 통해 먹을 수 있는 식물을 구별하는 법을 배웠고, 계절에 따라 움직이는 별의 위치를 터득했으며, 사랑과 사색, 그리고 여행하는 법을 알고 있었다. 지구상 누구보다 사막 전문가인 그들답게 애버리진은 사막을 크게 네 종류(필라, 푸티, 풀리, 카루)의 땅으로 세분화해서 불렀다.

필라(Pila)는 모래로 이루어진 대부분의 사막으로, 넓고 편평한 땅에 듬성듬성 키 큰 쿨카라 나무가 있을 뿐 찬피 풀로 빼곡히 덮여 있다. 푸티(Puti)는 카타추타를 둘러싸고 있는 낮은 구릉 지역으로, 키가 작은 관목인 와나리(Wanari) 나무가 서식한다. 풀리(Puli)는 바위나 돌이 많은 지역임에도 뜨거운 해를 피할 수 있는 나무 그늘이 곳곳에 있다. 가장 다양한 동식

카타추타 트랙 입구

물이 자라는 곳이어서 캥거루나 특별한 식물도 볼 수 있다. 카루(Karu)는 사막의 우기에 잠깐 흐르는 작은 냇물 주변을 일컫는다. 이곳에서는 풀리 지역의 동식물도 볼 수 있고, 유칼립투스와 같이 물이 많이 필요한 나무도 자라고 있다.

  카타추타는 이 네 종류의 사막을 가장 선명하게 보여주는 곳으로, 독특한 몇 개의 트래킹 코스가 형성되어 있다. 우리는 그중에 거대한 바위로 둘러싸인 '바람의 계곡(The Valley of the wind)'으로 간다. 주차장에 차를 멈추고 낮은 구릉의 푸티 지역을 지나 카루 지역으로 들어가자 바깥의 필라 지역과는 완전히 다른 푸름과 나무가 있다. 바위틈에 난 공간은 작은 동물에게 천혜의 요새를 제공하기도 한다. 중앙부의 폴리 지역을 지나면 마침내 바람의 계곡에 들어서게 된다. 좌우로 직벽이 가로막고 있는 이 좁은 계곡 안은 늘 그늘이 드리워져 있어 언제나 서늘한 바람이 분다. 이곳을 '바람

의 계곡'이라고 이름 붙인 애버리진이 물 한
방울 없는 필라 지역을 지나 이곳에 도착했을
때 느꼈을 감동을 상상해보라. 척박한 땅에서
고행을 하고 있는 그들에게 신의 손길이 내렸
다고 여기지 않았을까?

넓은 콧볼과 움푹 파인 눈, 벌거벗은 검은
피부의 애버리진을 처음 본 서양인은 그들을
'개화'되어야 할 종족이라고 생각했지만, 이
늘이야말로 거친 사막에서 자연의 일부로 수
만 년을 살아온 진정한 지성인이었다. 울룰
루와 카타추타의 보호자로서 밤이면 별을 보
며 창조주를 찬양하고, 아침이면 떠오르는 태
양에게 감사 기도를 하며 호주 사막을 횡단할
수 있는 세계 유일의 여행자였다. 그런데 안
타깝게도 오늘날의 애버리진은 과거 조상에
게 물려받은 지식을 모두 잃어버린 듯하다.
그렇다고 문명사회에 적응을 잘 하는 것 같지
도 않으니, 안타깝기만 하다.

● 바람의 계곡. 항상 그늘져 있고 바람이 분다.
● ● 카타추타에는 몇 개의 트랙이 있다.

(가지고 온 담배가 다 떨어진 상욱 형이 오늘부
로 담배를 끊겠다며 기념으로 차량당 와인 한 병씩을 먹자고 한다. 금주 선언 3일
만이다. 그래서 이번에도 내 성은 바뀌지 않았다.) 오늘 이동거리 : 383㎞, 총 이동거리 : 3,189㎞

킹스캐니언이 있는 **와타르카 국립공원**

사막은 사막인가보다
서울에서는 1병 마시던 물
여기서는 3병을 마신다.

    창을 열고 선선한 아침 공기를 마시며 쭉 뻗은 길을 달리는 것은 행복하다. 아웃백의 쭉 뻗은 고속도로는 거리에 대한 개념을 바꿔놓는다. '엎어지면 코 닿을 만한 곳'은 100㎞ 안팎을, '근처'는 200㎞ 정도를 말하고, 조금 떨어진 곳이라면 300㎞는 넘어야 한다. 우리도 길을 달려 '엎어지면 코 닿을' 거리에 있는 킹스캐니언에 도착했다. 주차를 하는데 호주의 야생견인 딩고(dingo)가 느릿느릿 걸어가는 모습이 보인다. 영양 상태가 좋지 않은 듯 윤기 없는 털에 몸 군데군데에는 상처도 있다. 너무 뜨거운 사막에서 사느라 만사가 귀찮은지, 사람을 보아도 반응이 없고 무심하다.

붉은 절벽의 계곡을 걷다
와타르카 국립공원(Watarrka National Park)의 킹스캐니언.

오랜 시간 동안 바람과 물에 의해 풍화된 킹스캐니언의 바위들

　말로 표현할 수 없는, 사진으로도 모사라는 이런 풍경을 글로 표현한다
는 게 가당키나 할까? 거대한 붉은 바위가 직각으로 떨어져 내린 절벽 아
래로 별천지가 펼쳐진다. 황량한 사막에 이런 파라다이스가 있을까 싶게
서늘한 그늘에 키 큰 나무들이 자라고 있다. 이곳이 사막이 되기 전, 강수
량이 풍부할 때 번성했던 소철나무는 바위틈 구석진 그늘에서 겨우 연명
하고 있다.

　우리는 몇 가지 트레킹 코스 중 두 시간짜리 남벽 트랙을 선택했다[서너
시간이 소요되는 킹스캐니언 일주, 이틀이 걸리는 22㎞의 자일스(Giles) 트랙도
있다]. 우리에게 적당한 시간과 난이도이기도 하거니와 킹스캐니언의 골
짜기가 아닌 상층부를 걷기에, 전체를 조망하는 데 그만이다. 며칠간의 운
전으로 부족해진 운동량을 채우는 것은 덤.

킹스캐니언의 깊게 패어 있는 계곡

두 시간짜리 트랙이라 크게 기대하지 않았는데 길은 아주 독특한 모습을 하고 있었다. 바위로 만들어진 계단을 따라 오르다 보면 무너져 내린 사암의 사면과 마주하게 되는데, 아주 오래전에 이곳이 바닷속 모래였다는 증거가 켜켜이 쌓인 선명한 파도 무늬로 펼쳐져 있다. 그 끝자락에는 오랜 시간 바람의 손길로 둥글게 깎인 수많은 돔(Dome) 모양의 돌들이 솟아 있다. 길에 특별한 안전시설은 없지만 경고 표지판을 참고해서 걸으면 그다지 위험하지 않다. 지루함을 느낄 틈이 없는 최고의 코스로, 누구에게나 권하고 싶은 길이다.

6번 도로를 앞에 두고 되돌아가다

오늘 우리의 계획은 킹스캐니언이 있는 와타르카 국립공원에 갔다가 6번 도로를 타고 앨리스스프링스로 가는 '불과' 340km였다. 킹스캐니언 주유소에 들르기 전까지는 말이다. 이 주유소의 디젤유 가격은 AU$1.95로, 이제껏 들른 그 어디보다도 비쌌다. 하지만 그 정도는 충분히 이해한다. 여긴 아웃백이니까. 그런데 킹스캐니언에서 앨리스스프링스로 가려면 왔던 길을 돌아가야 한다는 것이다. 곧장 연결된 6번 도로가 있는데 왜 그래야 할까 싶었는데, 현지인의 설명을 듣고 이유를 알게 됐다.

얼둔다에서 꺾어져 울룰루로 가는 길이 4번 도로(State Route 4)이고, 거기서 킹스캐니언이 있는 와타르카 국립공원으로 가는 길은 3번 도로(State Route 3), 와타르카 국립공원에서 앨리스스프링스로 연결된 것은 6번 도로(State Route 6)이다. ㄷ자로 생긴 이 세 도로는 법적으로는 모두 같은 등급의 도로이다. 그런데 우리가 왔던 3, 4번 도로는 깨끗하게 포

트랙 입구에 이곳의 동식물과 주의점에 대한 안내 표지판이 있다.

장된 도로이고 6번 도로는 평균 시속 30km도 내기 힘든, 비포장 4륜구동 차량 전용 도로라서 우리는 이용할 수 없다고 한다. 이럴 수가······.

결국 앨리스스프링스로 가는 일정을 바꿔 얼둔다 로드하우스에 있는 캐러밴 파크에서 머물기로 했다. 왔던 길을 되돌아가야 하지만 방법이 없다. 게다가 오후 운전은 내 담당이다.

지루한 오후 운전을 하는데 갑자기 먹구름이 그리워졌다. 며칠 동안 구름을 본 기억이 없다. 비라도 쏟아진다면 기분이 좀 나아질 것 같다. 이 사막에서 비를 반길 생명체는 나만이 아닐 것이다.

오늘 이동거리 : 363km, 총 이동거리 : 3,552km

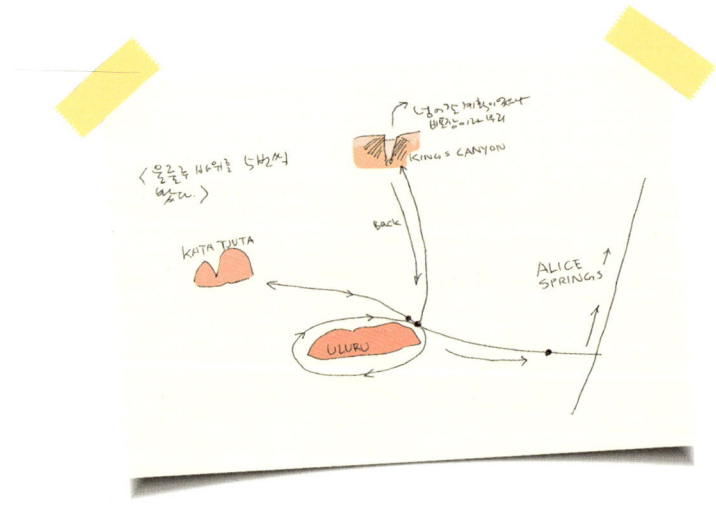

아웃백 여행자에겐 너무 거대한 도시,
앨리스스프링스

12일 만에 거친 도시 적응 과정

드디어 앨리스스프링스에 도착했다.

앨리스스프링스는 호주 중앙부 최대 도시로, 정중앙에 위치하고 있어 지도를 펴면 10초 안에 찾을 수 있다. 아웃백을 지나 온 여행자라면 누구라도 생뚱맞다고 생각할 정도로 푸르고 아름다운 곳이다. 이곳에는 우리가 렌트한 마우이 캠퍼밴의 지사가 있어서, 살짝 망가진 2호차 뒷자리의 침대 부분을 간단히 수리하고 수건이나 행주 같은 소모품도 새로 교환할 예정이다.

인구 2만 5,000명의 도시지만 아웃백 생활 12일 만에 만난 앨리스스프링스는 우리에겐 문명이 가득 찬 거대 도시처럼 느껴졌다.

첫째로 신호등이 낯설다. 그동안 야생 딩고처럼 거칠 것 없이 아웃백을 달리던 우리들이 길거리의 신호등 색깔에 맞춰 복종해야 한다. 불과

앨리스스프링스 마우이 캠퍼밴 사무실에서 사고 경위를 적고 있다.

얼마 전까지 지내던 도시에서의 생활에 대한 기억이 이렇듯 낯설어지다니. 사람은 참 적응력이 좋은 동물이다.

둘째로는 나무가 많다. 특히 키가 큰 유칼립투스 나무가 많은데, 이 나무는 물을 많이 필요로 하는 나무이다. 앨리스스프링스에는 토드강이 있다. 현재는 푸석한 모래 위에 뱀이 기어갔던 자국 같은 형태만 남아 있는데, 물 한 방울 보이지 않는 이곳을 강이라고 부르는 건 우기에 잠시 강이 되기 때문이다. 그럼 어떻게 2만 5,000명의 주민이 매일 샤워를 하고 물을 마실 수 있을까? 앨리스스프링스 사막 아래에 지하수가 있단다. 쫄쫄쫄 흐르는 정도가 아니라 도시 전체가 250년간 사용할 수 있는 맑은 물이 땅 밑에 있다.

셋째는 패스트푸드점이다. 이곳에는 맥도널드, 헝그리 잭(Hungry Jack, 버거킹과 같은 곳인데 호주에서는 상표 등록 문제로 헝그리 잭이라는 이름을 쓴다. 우리도 점심을 헝그리 잭에서 먹었다), KFC가 있다.

넷째는 주차와의 전쟁이다. 캠퍼밴 여행은 의식주를 모두 해결할 수 있는 편의성을 제공하지만 그건 어디까지나 주차를 한 뒤의 이야기이다. 도시의 주차장에 마련된 공간은 캠퍼밴의 크기에 비해 턱없이 작기 때문에 최소 두 개 이상이 연결되어 있는 주차장 공간이 필요하다. 아웃백에서는 신경 쓰지 않았던 사소한 문제가 도시에서는 꽤 신경 써야 할 문제가 된다.

　우리는 이렇게 도시 적응 과정을 마치고 캠퍼밴 수리를 위해 마우이 지사로 갔다. 그런데 그곳에서 뜻하지 않은 사고를 겪었다. 2호차가 사무실 입구에 바짝 붙여 주차를 하려다 나뭇가지를 보지 못하고 캠퍼밴 윗부분을 제대로 긁은 것이다. 가벼운 마음으로 왔다가 예상치 못한 사고 경위서를 쓰게 되었다. 보험으로 경제적인 문제는 커버되었지만, 사고를 낸 운전자의 마음까지 치유할 수는 없었는지, 운전을 했던 사진작가 용권 형의 얼굴은 울상이 되어버렸다. 다행히 마우이 직원의 따뜻한 웃음과 격려로 다시 운전대를 잡을 수 있었다.

　킹스캐니언에서 길을 잘못 본 탓에 일정이 하루 늦어졌다. 우리는 이곳에서 음식들을 새로 채워 넣고, 남는 시간을 활용해 박물관에도 들르느라 분주했다.

　아랄루엔 아트 갤러리(Araluen Art Gallery)와 중앙 오스트레일리아 박물

다양한 사막 생물의 표본을 볼 수 있는 중앙 오스트레일리아 박물관

관(Museum of Central Australia)은 규모는 크지 않지만, 이 근방의 보물을 모조리 모아놓은 곳이다. 아랄루엔 아트 갤러리에는 점으로 그린 애버리진의 아름다운 그림과 순박하지만 독특한 작품들이 걸려 있고, 중앙 오스트레일리아 박물관에서는 상상할 수 없는 시간 동안 우주를 떠돌다 우리 지구로 온 운석을 만질 수도 있으며, 사막에 사는 많은 생명체와 광물들의 표본을 볼 수 있다. 사막 한가운데라고는 믿기지 않을 만큼 깨끗하다. 또 하나의 큰 장점은 내부가 엄청 시원하다는 것.

오늘 이동거리 : 210㎞, 총 이동거리 : 3,762㎞

악마의 구슬 데블스 마블스, 그리고 여행의 규칙

오늘은 남회귀선(The Tropic of Capricorn)을 지났다. 지구의 기울기와 같은 위도인 남위 23도 27분, 동지 때면 머리 위로 해가 지나가는 곳이다. 한낮의 온도는 30도를 훨씬 넘어 캠퍼밴 밖으로 나가면 그늘에서도 몸이 늘어진다. 아직 적도 쪽까지 가려면 1,000㎞를 더 가야 하는데…….

오늘은 '악마의 구슬들(Devils Marbles)'이라는 독특한 곳의 캠프 사이트를 이용하기로 했다. 집채만 한 둥그런 바위들이 또 다른 바위 위에 놓여 있는 곳으로, 마치 누군가가 일부러 연출해서 올려놓은 듯한 구도의 거대한 붉은 바위들이 잔뜩 널려 있다. 이 붉은 바위들 사이에 흰 유칼립투스 나무가 박혀 있고, 바위와 바위 사이의 제법 넓은 공간에 주 정부에서 관리하는 캠핑장이 있다. 이 캠핑장은 유료인데 무인 키오스크(Kiosk)에서 숙박비를 지불해야 하므로 현금이 있어야 한다. 금액은 1인당 AU$3.3로 저렴하다. 우리보다 먼저 도착해 여장을 풀고 있는 많은 캠퍼밴과 캐러밴들이 있지만, 너무 더워서인지 모두 그늘 아래에 옹기종기 모여 있다.

저녁놀에 붉게 빛나는 데블스 마블스

아침 일찍 일출 직전이 산책하기 가장 좋은 시간이다.

일몰 시간이 가까워지자 10여 명의 사람들이 바위 사이로 나 있는 트랙을 걷는다. 저녁 무렵, 나는 드디어 모기에 물렸다. 근처 어딘가에 모기 유충인 장구벌레가 살 만한 물이 있나 보다.

Devils Marbles (악마의 구슬)
둥글 둥글한 돌이 평원에 넓게 퍼져 있다.
호주 토목여기고
관광개발을 복두나 보다.

사마이 저녁놀은 오늘도 화려하다.

캠퍼밴 여행에서의 역할과 규칙

캠퍼밴을 타고 함께 여행하는 건 아주 특별한 경험이다. 각자의 남은 인생에서 40일씩을 여기에 투자한다는 것은 쉽지 않은 결정이다. 내가 그럴진대 영만 형이나 봉주 형은 얼마나 더 특별한 여행이겠는가?

캠퍼밴이라는 특수한 공간 덕분에 우리는 24시간을 함께 지낸다. 먹고, 마시고, 싸고, 말하고, 듣고, 일거수일투족을 함께하다 보면 묘하게 끈끈한 의리가 생긴다. '감방 동료' 같은 의리가 이럴까? 하지만 아무리 좋은 의리라 해도 그것이 만들어지는 과정은 순탄치 않다. 천인천색의 취향과 성향을 가진 개인들이 한 공간에서 맞춰 산다는 건 쉬운 일이 아니다. 한마디로 이런 여행은 돈과 시간을 들여 '사서 하는 고생'이다. 하지만 이런 고생에도 불구하고 더 큰 장점이 있으니 다들 자진해서 함께하고 있을 것이다. 고요한 밤의 사막에서 다른 사람의 방귀 세레나데를 들을 수 있는 기회가 어디 그렇게 흔한가? 위대한 자연 앞에서 나 자신의 속 좁음을 바라볼 수 있는 기회가 또 있을까?

하지만 여행이 모두에게 더 좋은 경험이 되기 위해서는 몇 가지 규칙이
필요하다.

첫째로, 역할을 둔다.

1호차 멤버의 역할은 다음과 같다.

영만 형님은 실내 청소, 운전 백업, 만화, 가끔 음식 만들기.

밥장은 하루 세 끼 음식 만들기, 캠퍼밴 실내 관리, 오전 운전, 일러스트.

김태훈은 여행 전체 일정 관리, 설거지, 오후 운전, 글쓰기를 담당하고 있
다. 처음 며칠 정도 시행해본 후 한두 번쯤 조정을 해서 밸런스를 맞춘다.

둘째로, 잠을 충분히 잔다.

캠퍼밴 여행에서 잠자는 시간은 충전의 시간이자 자신만의 고유한 시
간이다. 휴식을 충분히 취하지 못하면 성격이 까칠해진다. 타인을 위해서
도 잠을 많이 자는 게 좋다.

셋째로, 하고 싶은 말을 다 하지 않는다.

말이 칼보다 날카로울 때가 많다. 의도 없이 한 말에 상대방은 큰 상처
를 받을 수도 있다. 그래서 서로 조심, 또 조심하는 게 좋다. 하지만 이것
이야말로 참 지키기 어려운 것 중 하나다.

넷째로, 상대방 말을 귀 기울여 듣는다.

대부분의 사람들은 상대방에게 불만이 쌓이기 전에 말이나 제스처로

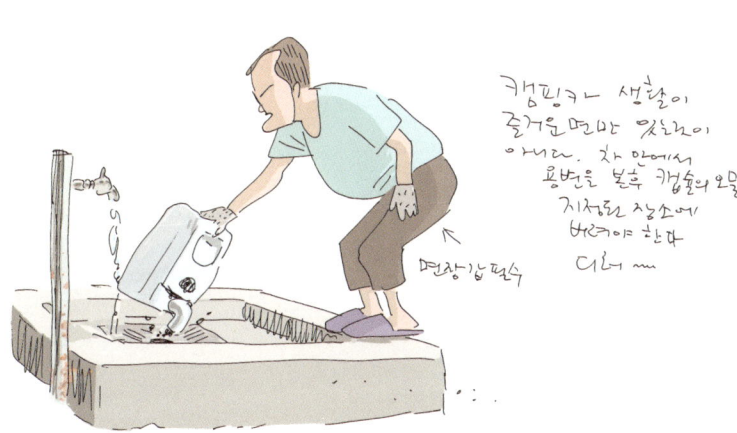

어떻게든 신호를 보내게 마련이다. 이때 상대방의 말을 귀 기울여 들으면 문제를 해결할 수 있다.

여행 중에는 일정을 바꿀 수도, 식단을 바꿀 수도 있다. 하지만 동료를 바꿀 수는 없다. 마치 이 지구별의 최후 생존자들인 것처럼 상대방을 아끼고 배려하고 인내하고 사랑할 수밖에 없다. 그러다 보면 동료의 방귀 소리도 정겹게 들리게 될 것이다. 오늘 이동거리 : 402㎞, 총 이동거리 : 4,164㎞

Australia
Devils Marbles

졸음운전을 피해 하루 종일 달리다

　오늘은 여행 일정 중 최고로 재미없는 날이다. 이동 중에 주유와 점심을 위해 두어 번 설 뿐, 하루 종일 긴 길을 이동해야 한다. 킹스캐니언에서 하루 까먹은 일정을 보충하기 위해서라도 달리고 또 달린다. 워낙 먼 거리인 600㎞ 이상을 달려야 하니 오늘은 세 명 모두가 운전을 해야 한다(그동안은 밥장과 내가 주로 오전, 오후로 나눠 운전했다).

　날씨는 어제도 그제도 오늘도 여전히 구름 한 점 없이 맑고, 길도 변함없이 쭉 뻗은 직선 도로다. 호주의 넓은 땅을 커버하기는 무리인지 통신마저도 거의 진공 상태에 가깝다. 수많은 강과 호수를 지났지만 모두 바싹 말라 비틀어져 물 한 방울 보이지 않는다. 날씨가 이렇다 보니 '태양열 자동차 3,000㎞ 경주'도 이 길에서 열렸다고 한다.

　이 건조한 사막 중간중간에 전혀 어울리지 않는 표지판들이 가끔 있다. '홍수 나는 구간(Floodway)'이라는 표지판. 지금 같으면 예상조차 되지 않지만 사막에도 생명체가 있는 걸 보면 어느 때인가는 비가 오는 모양

열사의 사막을 여행 내내 묵묵히 달려준 캠퍼밴 1, 2호

이다. 길옆에 죽은 캥거루를 보는 것에도 이제 느낌이 점점 없어진다.

오늘 운전에서 가장 중요한 일은 무료함과의 전투다. 크루즈 컨트롤로 시속 100㎞에 맞춰놓으면 핸들에 팔만 올려놓을 뿐 할 일이 없다. 특이한 상황이 발생할 여지가 없으니 뇌마저 사용할 일이 거의 없다. 이런 상태가 이어지자 눈꺼풀이 살살 내려온다.

안 돼! 무료함은 졸음을 데려오고, 졸음은 운전에 치명적이다.

세 시간 가까이 운전을 하고 있는 밥장의 눈이 불면증에 걸려 겨울잠을 설친 곰마냥 껌벅껌벅한다. 가끔씩 갓길 밖의 비포장에 바퀴가 걸려 내는 드르륵 소리에 잠시 정신을 차리기도 하지만 견디기가 쉽지 않은 게다. 이 상황에서 캠퍼밴이 운전자를 깨워주거나 안전을 담보해줄 수 없으므로 우리는 스스로 해결책을 찾아야 한다. 어쩌면 세상 모든 운전자는 이 보이지 않는 적, 졸음과의 싸움에서 이길 나름의 노하우가 있을 것이다.

우리 세 사람의 노하우를 공개한다.

밥장은 운전 중 음악에 맞춰 다리를 떤다. 그러다가 다리 모양을 양반다리로 하여 미세하게나마 하체의 혈류를 바꿔보기도 한다. 콧구멍을 쑤시거나 귀를 후비는 행위도 졸음을 쫓는 나름의 방법인 것처럼 보이고, 최근 떨어뜨려 액정이 박살 난 스마트폰을 한 번 더 떨어뜨리는 보기 드문 행동도 아마 졸음 때문으로 보인다.

영만 형님은 평생 낮잠을 즐기는 습관이 있어 여간 어려운 상황이 아니면 운전을 안 했지만, 오늘은 점심식사 이후에 자원해서 핸들을 잡았다. 형님이 졸음을 쫓는 방법은 마주 달려오는 차량에게 독특한 모양으로 손가락 인사를 하는 것이었다. 그러다가 도저히 참을 수 없을 때는 무조건 갓길에 차를 세운 후 쪽잠을 자고 난 다음 운전을 계속한다.

나는 큰 소리로 노래를 부르거나, 콧구멍을 파기도 하고, 약간은 방정맞게 껌을 씹어보기도 하고 아무도 없는 벌판에서는 갑자기 클랙슨을 울려보기도 한다. 그래도 결국 제일 좋은 해결책은 다음 운전자와 교대

창밖으로 보이는 수많은 개미탑들

하는 것이다.

우리 1호차의 브레인 밥장은 호주 국가 차원에서 졸음을 해결할 아이디어를 내놓았다.

- 3,000㎞ 길 옆으로 커다란 사인보드에 장편 만화를 순서대로 놓기
- 화장실이나 피크닉 장소에 무인 아이스크림 자판기 설치해놓기

오늘 종일 이동한 데블스 마블스에서 마타랑카(Mataranka)까지의 총 거리는 663㎞였다. 창밖에 가끔 보이던 빨간색 흰개미 탑이 점점 많아진다. 오늘 이동거리 : 669㎞, 총 이동거리 : 4,833㎞

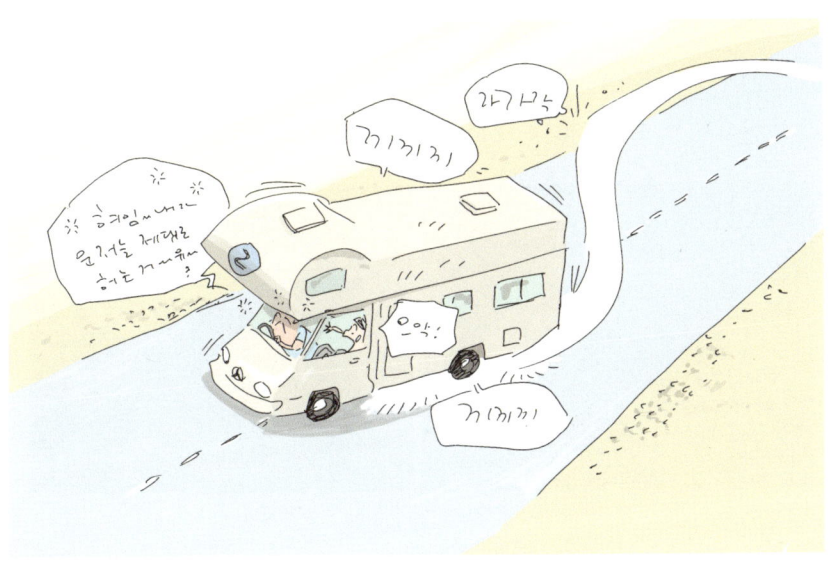

악어가 독차지한 열대 온천 마타랑카

    오늘 아침은 그동안 아침 이슬조차 구경하기 힘들었던 건조한 사막과는 확연히 다르다. 적당한 습도의 공기가 폐 속으로 들어오는 마타랑카의 캐러밴 파크는 너무 좋아 사랑스럽기까지 하다. 각종 아름드리 나무들이 시원스레 뻗어 있고, 그 나무 위에서 큰유황앵무(Sulphur Crested Cockatoo) 떼가 심술스럽게 여행자들의 아침을 깨운다. 한편으론 독수리

● 나무 위의 갈라(Galah, 바보라는 뜻의 원주민 언어) 앵무새
●● 캐러밴 파크 내부를 자유로이 돌아다니는 공작새

떼가 빙빙 돌고 있는 우리 캠퍼밴 근처로 공작 떼가 다가와 먹을 것을 찾아 기웃거리고 있다.

특별한 이곳, 마타랑카에는 '열대의 온천'이 있다. 캠핑장에서 불과 2.1km 떨어진 곳에 야자나무가 가득한 엘시 국립공원(Elsey National Park)이 있고, 이 공원 안에 온천이 있다는 것이다. 한낮에 차 문을 열면 헉 소리가 날 만큼 더운 이곳이지만 운전으로 뭉친 어깨와 허리를 풀기에 온천만 한 것이 또 있겠는가? 까짓것 이열치열이다! 한껏 기대를 품고 온천으로 향했는데, 입구를 지키는 레인저가 길을 막고는 온천이 폐쇄되었다고 한다. 언제 다시 열지도 모른다기에 이유를 물으니, 성질 사나운 VIP께서 납시셨단다. 어제 저녁에 오신 그분이 떠날 때까지 외부인들은 온천을 사용할 수 없다는 것이다. 예약도 예고도 없이 오신 그분은 바로 크로커다일(Crocodile) 악어이다. 몸길이가 2.5m에 달하는 육중한 몸매의 악어가 온천을 독차지하고 있었다.

온천을 바라 바라고
복상했는데 2.5m 악어가
온천을 점령하고 있어서
사용불가!

악어 때문에 폐쇄된 온천

악어를 쫓아내고 철망을 쳐서 들어오지 못하게 할 수도 있겠지만, 그렇게 하지 않는 호주가 나는 더욱 좋아졌다. 애초에 인간이 이 온천을 만든 것도 아니지 않은가? 호주 사람들은 자연을 원래의 주인이었던 야생동물들과 같이 공유하기로 한 듯하다. 먼 길을 온 여행자들은 아쉽지만 상황을 이해하고 돌아서기로 했다. 다행히 젊은 레인저가 약 10㎞ 떨어진 곳에 있는 다른 온천을 추천해준다. 4,500㎞를 달려온 우리가 겨우 10㎞를 더 못 가겠는가?

다시 차를 달려 마타랑카 홈스테드(Mataranka Homestead) 앞 주차장에 캠퍼밴을 세운 후에 이정표를 따라 온천으로 갔다.

엘시 국립공원의 숲은 우리가 보던 숲과는 완전히 다르다. 야자나무의 큰 잎이 썩어 묘한 냄새를 풍기고 있다. 옛날 시골에서 끓이던 쇠죽 냄새 같기도 하고, 마리화나 냄새 같기도 한데, 그 숲속에 온천의 근원이 되는 레인보우라는 샘이 있다. 옥색의 맑은 샘에서 콸콸 솟아오른 물은 강으로 흘러가는데, 그중 일부가 30m 옆에 있는 풀장으로 흘러 들어와 우리가 즐길 수 있는 온천수가 된다.

물속에 뛰어들었지만 뜨겁지도 않고 청량감도 없는 묘한 느낌이다. 온천수의 온도를 보니 34도. 체온보다 낮아서 우리가 생각하던 온천과는 느낌이 좀 달랐지만, 어쨌든 아름다운 옥색 온천물에 몸을 담그고 즐겼

더니 그동안 건조해서 다리와 발등에 하얗게 일어났던 각질이 싹 없어졌다(나중에 자료를 찾아보니 이 온천은 용암의 열기로 땅속에서 솟아오른 지열온천이 아니라 뜨거운 태양열에 데워진 천연 샘물이었다).

카카두 국립공원에 여장을 풀다

온천욕을 마친 우리는 카카두 국립공원으로 가기로 했다. 카카두 국립공원은 남한 면적의 5분의 1에 해당하는 호주 최대의 국립공원이다. 오후 6시쯤 도착해 국립공원 내 캠프 사이트인 마두갈(Mardugal)에 캠프를 꾸렸다. 캠핑 비용을 받던 레인저가 크로커다일 악어를 조심하라고 경고한다. 카카두 국립공원은 짐짐강(Jim Jim River)이 흐르는 곳곳마다 '크로커다일 조심'이라는 안내판이 붙어 있다. 물이 있어도 더위를 식힐 수 없는 것이 괴롭다.

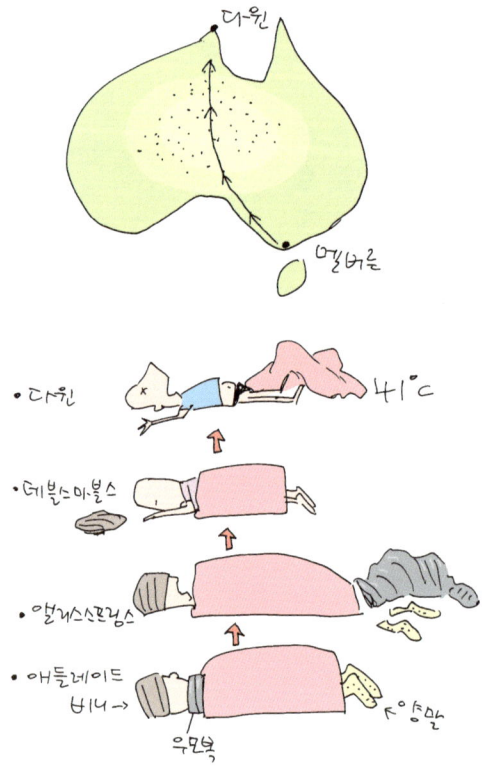

해가 떨어지자 밥장이 비빔국수를 만들었다. 그런데 이 메뉴는 시작부터 난관에 부딪혔다. 폭염에 캠퍼밴의 물이 40도가 넘는 온수가 되어 삶아낸 국수를 찬물에 헹굴 수가 없다. 전기가 없는 캠핑장이라 냉수를 만들 수도 없어 미지근한 물에 국수를 씻었더니 면발이 형편없다. 그동안 세련된 맛과 절제된 소금 사용으로 박수를 받았던 밥장의 명성에 금이 가버렸다. 게다가 야외 테이블에 비빔국수를 올리고 젓가락을 드는 순간, 귓전에서 '앵~' 하는 소리가 들렸다. 연필심만 한 모기들이 달려들어 낯선 여행자들을 격하게 반긴다. 팔뚝이며 다리며 정신없이 피를 빨아대는 통에 식사 시간은 아비규환이 돼버렸다.

한밤중인데도 30도가 넘는 더위에, 차 안에서 국수를 삶아서인지 설상가상으로 습도까지 높다. 땀이 줄줄 흐른다. 편하게 자기는 글렀다.

오늘 이동거리 : 376㎞, 총 이동거리 : 5,209㎞

옐로우워터 빌라봉에서 크로커다일을 만나다

　끈적이는 습도와 열기에 뒤척이다 새벽녘에야 겨우 잠이 드는가 싶었는데, 이번엔 나무를 쪼아대는 (딱따구리를 닮은) 새 소리가 머리를 뒤흔들어 잠을 깼다. 새벽까지 독하게 남아 있던 더위는 어딜 갔는지, 아침 숲은 쾌적하다. 나무들이 열기와 습기를 품어 들여 새싹을 틔운 후 신선한 공기를 내놓았나 보다.

　카카두 국립공원은 애버리진 뭉구이(Mungguy)족과 빈잉(Bininj)족의 몇 만 년에 걸친 삶과 문화가 녹아 있어, 호주뿐 아니라 지구 전체의 보물이다. 우리가 여행 중인 8~9월은 뜨겁고 건조한 구룽(Gurrung) 시즌이라서 나무와 강, 습지가 있는 평화로운 풍경이지만 연중 그런 것은 아니다. 애버리진은 폭풍, 쾌적한 기온, 강의 범람, 자연 발화같이 변화무쌍한 기후에 맞춰 계절을 여섯 개로 나눠놓았는데, 이곳은 그 속에서 적응해 살아가는 생명체들로 가득하다. 호주 민물고기의 4분의 1, 조류의 3분의 1이 이곳에서 서식한다니, 야생동물의 수도와도 같은 곳이라 할 수 있다.

공원 안에서도 빌라봉(Billabong)은 생명들의 천국이다. 우기 때에는 강이었다가 건기에는 물길이 끊겨 호수가 되는 빌라봉은 애버리진 언어로 '죽은 강'이라는 뜻이다. 건기에 호수가 된 빌라봉으로는 물을 먹으려는 새와 악어, 그 밖의 온갖 동물이 몰려든다.

우리는 아침식사 후 캠프장 뒤에 있는 왕복 1㎞ 거리의 작은 빌라봉을 산책했다. 산책 후에는 쿠인다(Cooinda)에 있는 로지에서 카카두 국립공원 입장권(1인당 AU$40/7일권/인터넷 구매 가능)을 구매하고 빌라봉으로 가는 '옐로우워터(Yellow Water)'라는 크루즈를 예약했다. 이 크루즈를 타면 국립공원 내의 각종 동식물, 그리고 무엇보다 크로커다일 악어를 가까이에서 볼 수 있다.

크루즈는 편편한 바닥의 알루미늄으로 만들어져 있다. 마치 오래된 옛날 버스의 윗부분을 싹둑 자른 후 위에 햇빛 가리개를 달아놓은 듯

옐로우워터 빌라봉 투어 크루즈

심플한 모양이다. 버스와는 다르게 운전사가 배 뒤편에 있는데, 관광객들의 안전을 한눈에 볼 수 있기 때문이란다. 배 바깥으로 팔을 내밀지 말 것, 구명조끼 사용법 등의 간단한 주의사항을 듣는데, 만약 물에 빠진다면 구명조끼를 입은 채로 둥둥 떠 있다가 악어에게 물리는 것보다 빨리 육지로 헤엄쳐 나오는 것이 나을 것 같다는 생각이 들었다.

크루즈 여행은 한 시간 반 정도 진행되며, 옐로우워터에 있는 수많은 생명체를 보는 데 부족함이 없다. 배가 출발하고 30분 정도는 물가 쪽으로 밀집해 있는 오리와 여러 종류의 새, 물 밖 넓은 평원으로는 물소와 야생마 등을 볼 수 있었다. 그러다 잠시 뒤 2~3m 정도의 작은 암컷 악어 몇 마리가 보였다. 표정도 물소리도 하나 없이 조심스럽게 움직이는 녀석들의 모습이 인상 깊다. 이놈들은 죽은 통나무가 떠가듯이 서서히, 아무런 위협이 되지 않는 듯한 모습으로 다가와서는 순식간에 먹이를 물속으로 끌어들여 익사시킨 후 여유 있게 먹어치운다. 이곳 먹이사

슬의 최정점에서 물고기나 새들은 물론 돼지, 물소, 말, 심지어는 사람까지 잡아먹는 흉폭한 녀석들이라고 한다. 실제로 매년 몇 건씩 크로커다일로 인한 사망 사고가 일어난다. 이런 사정을 잘 알아서인지 물 위를 평화롭게 노니는 오리와 새들은 한 마리도 없고, 모두 물가에만 모여 있다.

배가 출발한 지 한 시간 정도 지나 우리는 이곳 옐로우워터 빌라봉을 호령하는 '맥시'라는 이름의 수컷 크로커다일을 만났다. 크기는 4.5m, 공격적이고 대담해서 더 큰 수컷들조차 쫓아내고 이곳의 모든 암컷을 차지한 녀석이라고 한다. 이놈은 우리 배 옆으로 다가와 사람들과 눈을 마주치기도 했는데, 마치 시위를 하는 것 같다.

옐로우워터 빌라봉에 서식하는 수컷 호주 악어

"여긴 내 구역이야. 불만 있는 놈은 배에서 나와봐!"

오스트레일리안 바다 크로커다일(Australian Saltwater Crocodiles)은 호주 최강의 포식자이다. 호주 북부의 바다는 물론, 강 하구와 상류까지 물이 있는 곳은 어디든 서식한다. 세계에서 가장 큰 파충류로, 큰 수컷은 길이가 6~7m, 무게는 1,000kg이 넘는다. 수명은 사람과 비슷하게 70년 정도이다. 번식은 보통 암컷이 10~12년, 수컷이 16년 정도 되면 가능하지만 실제로 2세를 만들 정도로 살아남는 경우는 1%도 채 되지 않는다고 한다. 재미있는 것은 알의 온도가 30도 이하이면 태어나는 새끼가 암컷이 되고, 32도

이상이면 수컷이 된다는 사실이다.

안방방 벽화에 남아 있는 애버리진의 생활사

점심식사 후 우리는 6,000~2만 년 전 애버리진 원주민이 살던 바위로 둘러싸인 천연 셸터(대피소)로 벽화를 보러 갔다. 그 옛날 이 지역을 호령하던 맹주의 집이었을 법한 이곳은 신의 작품임에 틀림없다. 만약 사람이 만들었다면 이처럼 완벽히 보존될 리가 없기 때문이다. 허허벌판 사막에서 맹렬한 땡볕을 피할 수 있을 뿐만 아니라 바위틈으로 불어오는 선선한 바람은 최신 에어컨디셔너에 비할 바가 아니다.

지붕을 수리할 필요도, 담장이 무너질 일도 없는 이 바위 셸터에서 저녁에 모닥불을 피워 낮에 잡은 캥거루와 자라 고기를 종잇장 같은 나무껍질에 싸서 구워 먹으면 절로 신께 감사하는 마음이 들었을 것이다.

안방방 바위에 남아 있는 벽화

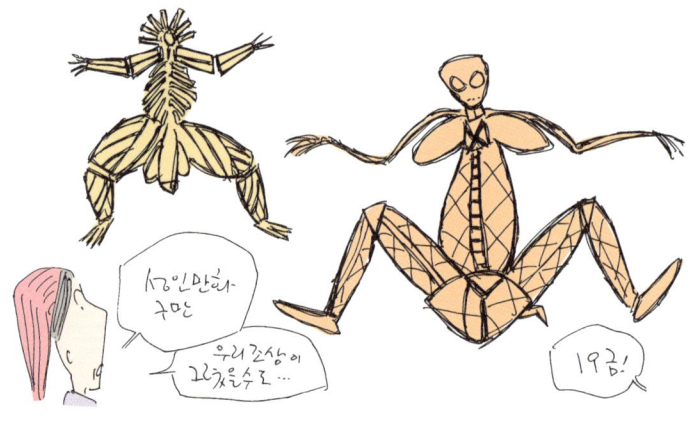

NOURLANGIE (누룽지)의 벽화-(암각화) ANBANGBANG GALLERY (안방방) 갤러리)

성인만화 구만

우리조상이 그랬을수도…

19금!

고기를 얻을 수 있게 캥거루와 고아나 도마뱀을 만나게 하고, 그 도마뱀을 위해 벌레들을 제공하며, 그 벌레들이 먹을 나뭇잎을 기르고, 나뭇잎이 푸르도록 햇빛과 물을 보내는 그분께 감사하며 잠들었을 것이다.

새벽녘 깨어나는 대지의 생명력이 영혼을 뚫고 들어와 토해내는 영감. 그 영감을 표현한 그림들이 최근에 발견된 안방방 그림과 노우랜지바위(Nourlangie Rock)에 고스란히 남아 있다. 주변의 암석을 갈아 색을입힌 이 독특하고도 아름다운 그림은 애버리진의 내면과 시간과 문화를보여주며, 현재는 유네스코 세계문화유산으로 보호받고 있다.

오늘 이동거리 : 88㎞, 총 이동거리 : 5,297㎞

다시 만나자, 카카두(Bobo! Kakadu)

바쁜 시간과 2륜구동인 캠퍼밴의 한계로 가보지 못하는 곳이 너무 많다. 이틀 동안의 짧은 시간은 마치 카카두 국립공원이라는 장편소설의 목차만 읽는 듯해 아쉬움이 크다. 언젠가 꼭 4륜구동 차량에 텐트와 먹을 것을 잔뜩 싣고 노란 먼지를 뒤집어쓰고 다시 와서 카카두의 깊은 구석구석을 샅샅이 보고 말 테다.

카카두 국립공원의 숲과 그 사이에 흐르는 짐짐강

● 빌라봉은 흐름이 없어 호수같이 고요하다.
●● 카카두 국립공원의 우거진 숲

카카두 국립공원을 떠나며 우리가 마지막으로 들른 곳은 마무칼라 (Mamukala)에 있는 조류 관찰대이다. 마무칼라는 내가 좋아하는 새를 마음껏 볼 수 있는 멋진 곳이다. 끝도 없이 펼쳐진 얕은 습지에는 수련과 각종 꽃들이 넘치고 넘친다. 물과 햇빛이 넘쳐나는 이곳은 모든 것이 풍족하다. 키 작은 풀 사이로는 백로 떼와 작은 새들이 유유히 거닐고, 풀 사이로 까치기러기(Magpie Goose)가 고개를 삐죽이 들고 있다. 하늘에는 맹금류인 매가 간식거리를 찾아 눈을 번뜩이며 날고 있다. 이곳에 비와 햇볕을 피해 새들을 관찰할 수 있도록 널찍한 전망대를 만들어놓았다. 이런 습지에는 일반적으로 모기가 들끓기 마련인데, 새들이 많아서인지 의외로 보이지 않는다. 오늘따라 늘 가지고 다니던 쌍안경을 가지고 오지 않았다. 이렇게 다음에 다시 와야 할 이유를 심어놓고 다윈으로 떠난다. 오늘 이동거리 : 238km, 총 이동거리 : 5,535km

캠퍼밴 여행 시 선택할 수 있는 숙박 TIP

캠퍼밴은 법적으로 주정차가 금지되어 있거나 캠핑이 금지되어 있는 곳을 제외하면 어디서나 세워두고 잘 수 있는 자유가 있다. 그러나 원활한 여행을 위해서는 물을 채우고, 생활 오수를 버려야 하며, 화장실을 비워야 하는 등의 의무를 게을리해서는 안 된다. 자유를 위해 의무를 다하면 비로소 사막 한가운데서 움직이는 오아시스가 되어 여행을 즐길 수 있다.

캠퍼밴 여행을 할 때 선택할 수 있는 숙박 형태는 다음과 같다.

캐러밴 파크 혹은 홀리데이 파크

캠퍼밴 여행을 위한 모든 지원과 부대시설이 있는 곳. 유료로 1인당 AU$15~20이다. 캠퍼밴에 식수 호스와 오수 파이프를 연결하고, 전기선을 연결하면 집처럼 전기와 물을 제약 없이 사용할 수 있으므로 식기 설거지, 샤워 등도 가능하다. 에어컨디셔너와 전자레인지는 물론 전원 콘센트도 사용할 수 있어, 카메라나 노트북 등도 충전할 수 있다. 동전을 사용하는 세탁기와 건조기가 있고 화장실, 샤워장, 공동 부엌, 그리고 수영장까지 갖추고 있는 경우도 있다.

이곳에 도착하면 빨래, 대청소, 면도하기 등 밀린 일들을 해결하며 캠퍼밴은 물론 몸과 마음까지 충전한다. 우리의 경우에는 밀린 빨래, 대청소, 대소변 비우기, 면도하기 등을 하며 한마디로 때 빼고 광내고 나오는 곳이었다. 보조 배터리도 충전해두면 좋다.

캐러밴 파크의 공용 샤워장

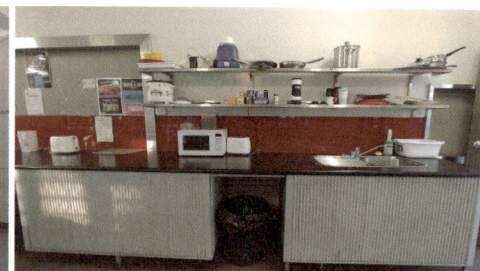
취사가 가능한 공용 부엌

캠프 사이트

국립공원 혹은 주 도로 옆의 휴식 공간(Rest Area). 화장실이나 피크닉 테이블이 제공되며 가격은 저렴하거나 무료로 이용할 수도 있다. 우리 캠퍼밴에는 태양광 충전기가 있어 스마트폰이나 카메라 등 작은 전기제품과 노트북도(220볼트 인버터가 있을 경우) 충전 가능하지만 전기 소모량이 큰 에어컨디셔너와 전자레인지는 사용할 수 없다. 대부분 주변에 다른 캠퍼밴이나 모토홈(motohome, 이동 주거 자동차), 텐트족들이 있으므로 10시 이후에는 정숙해야 한다.

노숙

뱀이나 전갈 등 독충이 있다는 점과 확률이 높지는 않지만 범죄의 가능성 등 몇 가지 위험을 감수한다면 호주 캠퍼밴 여행의 꽃이라 할 수 있다. 가장 큰 장점은 아무 간섭 없이 우리만의 캠프를 꾸밀 수 있다는 점. 안전한 곳에 땅을 파고 작은 모닥불을 피워 마음껏 노래를 부를 수도 있다. 끝도 없이 뻥 뚫린 시야 안에 사람이라고는 우리밖에 없는 상황이 도시인의 일생에 몇 번이나 있겠는가? 저녁놀을 보며 마시는 맥주 한 잔의 여유. 자연의 일부가 되는 영감 넘치는 시간이다.

호주에는 홀리데이 파크나 캠프 사이트, 노숙할 만한 장소들이 매우 많다. 내비게이션이나 휴대폰 애플리케이션을 이용하면 주유소, 슈퍼마켓. 캠프 사이트, 덤프 사이트 등 캠핑 여행자에게 필요한 거의 모든 정보를 얻을 수 있다.

다양성이 공존하는 다윈의 야시장

세상이 이처럼 아름다운 것은 다양성이 있기 때문이라고 생각한다.

엄청나게 빠른 치타가 있는가 하면 보는 것만으로도 속 터지는 나무늘보도 있다. 몇 킬로미터 밖에서도 작은 생쥐를 찾아내는 눈을 가진 매가 있는가 하면 호주 주머니두더지(Marsupial Mole)란 놈은 눈이 없다.

빠른 놈, 센 놈, 큰 놈만 관심을 받는 세상이지만, 누가 알겠는가? 눈조차 없는 호주 주머니두더지가 없으면 그 여파로 화산이 폭발하고 이변이 일어날지.

세상에 있는 모든 생명체는 각각의 역할이 있다고 나는 믿는다. 다만 우리가 그들 대부분의 역할을 알지 못하고 있을 뿐이다. 잘 모르지만 서로를

DARWIN 입성
41°C

너무 뜨거워!

나 한국 갈래!

찌직

● 조용한 다윈 시내   ●● 다윈 시내를 운행하는 시티 투어 버스

인정하고 함께 건강하게 경쟁하고, 화합하고, 어우러져 사는 곳. 그런 면에서 내가 아는 한 호주 최고의 다양성을 가진 아름다운 도시가 바로 다윈이다.

　다윈은 제2차 세계대전 때는 일본군에게 폭격을 당했고, 초대형 태풍 사이클론 트레이시가 덮쳐 도시 전체가 없어질 뻔하기도 했다. 골드러시 때는 중국인이 대거 몰려왔고, 베트남의 보트피플을 비롯하여 인도네시아, 파푸아뉴기니, 말레이시아 사람들까지 모여든 곳이다. 그러다 보니 초창기의 다윈은 사연 많고 팔자 사나운 도시였다. 하지만 현재의 다윈은 어려운 과거를 딛고 호주에서 가장 다양한 인종 구성을 이루며 평화롭게 살아가는 도시가 되었다. 여러 인종 중에서도 약 10%의 아시아인과 10%의 애버리진이 있어 마치 삶은 국수 위의 고명처럼 이 도시의 정체성을 만들어낸다. 그리고 그 정체성을 가장 잘 보여주는 곳이 바로 다윈의 야시장인 민딜 비치 선셋 마켓(Mindil Beach Sunset Market) ★이다.

　이곳에서 1,400㎞ 떨어져 있던 앨리스스프링스의 캐러밴 파크 관리

다양한 물건들을 만날 수 있는 민딜 비치 선셋 마켓

자가 추천해주었던 민딜 비치 선셋 마켓은 우리에게 뜻밖의 광경을 선사했다.

"헉, 이 도시 사람들이 다 모인 것 같다."

깜짝 놀란 허영만 화백의 말처럼 코딱지만 한 14만 다윈 인구의 10분의 1은 이 시장에 쏟아져 나온 것 같았다.

선셋 마켓은 매주 목요일과 일요일에 열리는데, 운 좋게도 우리는 목요일에 다윈에 도착했고, 오후 6시 즈음 도착한 해변 공원은 차량으로 가득 차 있었다. 축구장 몇 배는 될 만한 큰 주차장에는 차들이 이미 촘촘히 자리 잡고 있다. 낮에 갔던 노던 테리토리 박물관이나 시내 중심가인 미첼 스트리트(Mitchell Street)는 한적해서 캠퍼밴을 주차할 장소가 많았다. 그래서 이런 광경을 전혀 예상하지 못했는데, 캠퍼밴을 주차할 공간이 없다. 이리저리 눈을 바쁘게 움직이고 있는데 다행히 친구 사이

인 듯 두 대의 스포츠카가 나란히 빠져, 겨우 주차할 수 있었다.

  민딜 비치 선셋 마켓은 주차장에서 꽤 먼 거리에 있다. 천막으로 만들어진 손바닥만 한 가게들이 삐뚤삐뚤, 줄지어 있는 듯 아닌 듯 늘어서 있다. 흥정을 잘하면 반값에 물건을 살 수 있을 듯한 푸근함도 있는가 하면 바가지를 쓸지도 모르겠다는 긴장감도 든다. 손님을 기다리는 물건들은 애버리진 악기인 디저리두부터 이런 곳과는 어울리지 않는 발바닥 각질 제거 화장품까지, 없는 게 없다. 대형 마트의 MD가 추천하는 세련되고 잘나가는 제품들이 아니라 다양한 개성이 넘치는 엉뚱한 제품들도 보인다. 카우보이모자를 쓴 중년 남자는 도시의 성인숍에나 있을 법한 채찍을 휘둘러 '피잉' 하는 소리를 내고, 그 옆에는 벌써 취기가 오른 애버리진 할아버지 두 분이 부메랑을 팔면서 노래를 하고 있다. 트럭 캔버스 천을 잘라 만든 모자가 마음에 들어 나도 하나 샀다. 그 밖에도 점을 보는

SUNSET MARKET 세계각국의 요리정열의 향기가 지면로 프리와진다
인도, 스페인, 프랑스, 이탈리아, 태국, 베트남 인파가 어마어마 하군.

집, 태국 마사지를 하는 곳 등이 모여 있어 활력이 넘친다.

그렇지만 역시 시장의 핵심은 먹을거리다. 다양한 인종이 뒤섞여 사는 도시답게 인도네시아, 태국, 일본, 홍콩, 중국, 라오스, 티모르, 인도, 호주, 베트남, 이탈리아, 스페인 등의 음식과 그 밖에 정체를 알 수 없는 각종 음식까지, 그야말로 푸드 천국이다. 워낙 더운 곳이라 음식의 간이 좀 짜기는 했지만 우리가 먹어본 음식 모두 먹을 만했다.

우리에게 좀 생소한 음식을 소개하면, 호주를 대표해서 로드킬 버거(Road Kill Burger)가 나왔다. 악어, 캥거루, 물소 등의 고기로 만든 버거다. 일본인들은 그들답게 현지화된 '타다키 스테이크 쌀 버거'로 입맛을 현혹한다. 더위를 이기는 데 좋다고 널리 알려진 인도 음식은 진작 동이 난 상태다.

우리는 각자의 취향에 따라 여섯 가지 음식을 시켜 나눠 먹기로 했다. 테이블이 따로 없으니, 빨리 먹어버리는 게 최선이다. 평소 절제된 미식가였던 허영만 화백이 설탕을 듬뿍 넣은 불량 라조기 같은 중국 음식을 주문한 것을 신호탄으로 볶음국수, 파에야, 물소 모차렐라 치즈를 추가로 넣은 피자 등 다들 입맛 당기는 대로 맛을 보며 배를 채웠다. 마지막에는 얼음과 망고를 갈아 넣은 라씨(Lassie) 한 잔으로 수려한 만찬을 마무리했다.

삐뚤빼뚤 왁자지껄한 이곳은 얼핏 무질서해 보이지만, 자유로움과 소박함이 모여 다양한 매력을 뿜어내고 있다. 어쩌면 이곳이야말로 세계인이 배워야 할 미래인지도 모르겠다.

오늘 밤 민딜 비치 선셋 마켓은 행복하다. 우리도 설거지가 없어서 더 행복한 밤이다. 오늘 이동거리 : 0㎞, 총 이동거리 : 5,535㎞

★ 민딜 비치 선셋 마켓 Mindil Beach Sunset Market
www.mindil.com.au
4월 말부터 10월 말까지
매주 목요일 5~10 PM, 매주 일요일 4~9 PM.

천국에 가다, 리치필드 국립공원

 어젯밤, 인터넷으로 다윈 근방을 뒤지다가 '천국'을 찾고는 잠이 확 달아났다.

 "아자~! 여긴 죽기 전에 꼭 가봐야 할 곳이다."

 추운 건 옷을 겹쳐 입어 피할 수 있지만 더위를 피하기는 어렵다. 아무리 벗어봤자 팬티 이상 더 벗을 게 없고, 냉수로 식히고 싶어도 사막으로 접어들고부터 찬물을 느껴본 적이 없다. 캠퍼밴 수도뿐만 아니라 홀리데이 파크 샤워장에도 미지근한 물이 나온다. 근처의 물에 뛰어들고 싶지만 언감생심이다. 이곳 호주 북부는 크로커다일 때문에 바다나 강을 막론하고 물이 있는 곳은 어디나 주정부에서 만든 '악어 주의/입수 금지' 간판이 붙어 있다. 그러니 아무리 더워도 물은 그림의 떡이다.

 오늘 우리가 가야 할 최종 목적지는 서호주 쪽으로 연결되는 1번 도로와 앨리스스프링스로 가는 87번 도로의 갈림길에 있는 캐서린 (Katherine)이다. 그런데 그 중간에 '천국'이 있다. 다윈에서 한 시간만 가

면 만날 수 있는 곳, 더위를 피할 수 있는 별천지이자 무더운 열대에
서 꿈꿀 수 있는 거의 모든 것을 다 갖추고 있는, 리치필드 국립공원
(Litchfield National Park)이다.

리치필드 국립공원으로 가는 길옆으로는 검게 탄 숲이 계속 이어진
다. 바로 부시 파이어(bush fire, 자연 발화에 의한 불) 때문이다. 바싹 마른
나뭇가지들이 바람에 마찰을 일으켜 불이 붙기 시작한다. 이러한 불은
삽시간에 숲 전체에 번져 모든 것을 태워버린다. 그러나 호주 정부는
이러한 산불을 자연현상의 일부로 규정해, 저절로 꺼지기 전까지 그대
로 둔다. 이 산불도 자연의 한 사이클이고, 호주 북부 숲의 건강한 생태
계를 유지하는 데 꼭 필요한 과정인 것이다.

한번 화재가 일어나면 숲의 거의 모든 생명이 죽는다. 모든 것이 파
괴되지만, 숲은 또다시 기적을 만들어낸다. 동물의 사체와 타고 남은 식

● 개미탑을 오르는 흰개미들
●● 보통의 개미탑은 사람 키보다 낮지만 가끔은 수 미터에 달하는 초대형 개미탑도 있다.

물들의 재가 새 생명을 싹 틔울 양분이 되는 것이다. 몇 년 후면 새싹이 벌레들을 기르고, 자라난 벌레들이 새들을 불러들여 다시 건강한 숲으로 자랄 것이다. 호주 숲의 젊음을 유지하는 비결이 이처럼 철저한 파괴에 있다는 점이 역설적이다.

어제 산 망고가 흔들리는 캠퍼밴 박스 속에서 서로 부딪히며 달콤한 향기를 낸다. 더위와 싸울 에너지를 공급해주는 고마운 망고지만 2~3일 내로 다 먹어 없애야 한다. 서호주로 가는 주 경계의 검문소를 지날 때면 야채나 육류를 모두 버려야 하기 때문이다.

노던 테리토리 중부에서부터 간간이 보이던 작은 흰개미 탑들이 북으로 올라갈수록 조금씩 커지더니, 리치필드 국립공원에 이르자 지금까지 보지 못한 최고 규모의 탑을 볼 수 있었다. 높이 5m는 쉽게 넘길 만한 흰개미 탑이 사방에 산재해 있는데, 모든 탑이 나침반 바늘처럼

LitchField
National Park

50년동안 지어진
흰개미집. 하나의 왕국.
이곳은 서울이 있었을것이고
공치이 있었을것이고 (철칙이
있었을것이고 신분의 차이가
있었을것이고. 교육도물론이고
서울에 롯데타워가생겼다고
자랑할일인가? 인간들이
흰개미보다 낫다고 누가
안하겠는가?
겸손해질 일이다.
그개 ᄉ울이
답일이다.
흰개미를 반로밟지
말일이다.

남북 방향으로 길게 만들어져 있다. 탑의 방향이 잘못되어 해를 정면으로 마주하면 한낮의 뜨거운 열기에 의해 탑 자체가 거대한 오븐이 되어버리기 때문에, 흰개미들은 해와 평행한 남북 방향으로 집을 만든다.

수영 장소로 완벽한 플로렌스 폭포

리치필드 국립공원 내의 플로렌스 폭포(Florence Falls)가 있는 주차장에 도착했다. 주차장에는 몇 대의 차량과 함께 목에 수건을 걸고 있는 사람들이 눈에 띄었다. 폭포로 가는 길은 500m 정도의 짧은 계단을 이용해야 한다. 계단을 내려가기 전에 폭포의 전경을 볼 수 있는 전망대 위에 섰다. 폭포 아래에는 제법 넓은 물웅덩이가 있는데, 그 안에서 수영을 즐기는 사람들이 보인다. 드디어 자연 속에서 수영이 가능한 물을 찾

● 전망대에서 본 플로렌스 폭포
● ● 폭포에는 이미 많은 여행객들이 더위를 식히고 있다.

은 것이다.

위에서 봤을 때는 비키니를 입은 두 명의 여성만 보였는데, 내려오니까 제법 많은 30여 명의 사람들이 있다. 절반 정도는 물가에서 구경만 하고 있고, 절반은 물속에 있다. 위에서 보던 것보다 웅덩이가 제법 커서 지름이 50m 정도 될 것 같다. 가운데 부분의 물은 검게 그늘져 있는 것이, 깊이도 상당해 보인다. 물빛은 투명하지만 바닥에 녹색 이끼가 약간 끼어 에메랄드빛을 띤다. 양쪽에서 떨어지는 폭포는 수량이 그리 많지 않아 소음이 거의 없이 포말로 부서지며 고즈넉한 분위기를 연출하고 있다. 물가에는 사람들이 입수하기 쉽도록 간단한 콘크리트 구조물을 만들어두었다.

물에 발가락을 넣어본다. 찌릿할 정도로 차갑다. 소름 돋을 정도로 차갑지는 않지만 기분 좋은 계곡물 정도의 딱 알맞은 청량감이다. 우리는 신을 벗어 던지고 몸을 던져 풍덩 뛰어들어 물웅덩이 중앙으로 헤엄쳐 갔다. 깊이가 얼마나 되는지 모르겠지만, 어차피 내 키를 넘어 1.8m 이상의 깊이라면 다 똑같다. 물 위에 가만히 누우니 동그란 하늘에 절반은 폭포와 절벽이, 나머지 절반은 숲이 채워진다. 이 열사의 땅에 이보다 더 큰 행복이 있을까?

몸을 충분히 식히고 얕은 쪽의 바위로 헤엄쳐 나오는데 눈앞에서 검은 물체들이 휘리릭 지나간다. 20~35㎝ 정도의 검은 물체는 이곳에 사는 토종 민물고기 수티 그런터(Sooty Grunter)라고 한다. 40여 마리가 이곳에 사는데, 이놈들은 전혀 사람을 두려워하지 않는다. 오히려 사람을 대하는 법을 따로 배운 것처럼 살랑살랑 손에 잡힐 듯 말 듯 노닌다. 이 작은 소에 이렇게 큰 고기가 산다는 것이 믿어지지 않는다.

물속을 유유히 헤엄치는 수티 그런터

플로렌스 폭포는 내가 경험한 가장 완벽한 수영 장소이다. 폭포의 수량이 많아지는 우기 때는 어떨지 모르겠지만, 지금은 적당한 수온에 직사광선을 피할 수 있는 숲과 깨끗한 물, 그리고 함께 놀 수 있는 물고기까지 있으니……. 게다가 크로커다일 악어도 없으니, 이곳을 떠나지 않고 계속 머물고 싶다.

다 들르진 못했지만 리치필드 국립공원에는 플로렌스 폭포 외에도 왕기 폭포(Wangi Falls), 샌디 크릭 폭포(Sandy Creek Falls) 등이 더 있다.

오늘 이동거리 : 433㎞, 총 이동거리 : 5,968㎞

여행을 통해 알게 되는 것들

오늘 여행은 이동 시간이 참 길다. 다행히 영만 형님과 밥장이 운전을 많이 해줘서 덜 힘들었다. 캠퍼밴 뒷좌석에 앉아 차창 밖으로 스쳐가는 드넓은 호주 평원을 바라보다 문득 '여행'이라는 단어에 대해 생각해보았다. 나는 여행을 좋아한다. 그런데 지금까지 여행에 대해 그다지 깊이 생각해본 적은 없었다는 걸 깨달았다.

우리의 삶도 어쩌면 하나의 여행이지 않을까?

나비 한 마리가 팔랑팔랑 스쳐 지나간다. 저 나비의 여행은 어떨까? 작은 알에서 부화해 애벌레로 지내다, 애벌레에서 번데기 시절을 거쳐 어느 날 나비로 다시 태어나 하늘을 날게 되는 과정, 우리 눈에는 당연해 보이는 그 과정이 나비에게는 얼마나 먼 여정이었을까?

살아 있는 생명체에게 노력 없이 얻어지는 것은 없다.

겨우 젖 빠는 능력만 갖고 태어난 인간이 젖을 뗀 후부터 걸음마를 배우고, 뜀박질을 하게 되는 과정에도 수많은 반복과 눈물, 그리고 박

계속되는 맑은 날씨 덕분에 별이 가득한 밤은 더욱 아름답다.

수와 격려가 있다. 이뿐이겠는가? 수영을 하는 것, 클라리넷을 부는 것, 캠퍼밴 운전을 능숙하게 하는 것까지, 모두 그냥 얻어진 것은 없다. 나 역시 태어난 순간부터 나 자신의 빈 공간을 채우기 위해 멀고도 고단한 여행을 시작한 셈이다.

여행은 삶과 일상을 비춰주는 거울

여행이라는 관점에서 바라본 인생길을 사색하다가 나는 문득 여행이 주는 결과에 대해 의문이 들었다. 며칠 전 맛본 울룰루와 소금 호수, 카카두 벽화의 감동이 투자한 여행 시간과 노력에 비해 턱없이 작다는 생각이 들었기 때문이다.

그러고 보니 차분히 앉아서 즐기는 에베레스트 산의 감동에 비해 고산중에 시달리며 올라야 했던 고통은 말로 표현할 수 없었으며, 꼬박 사흘간의 뱃멀미를 견디며 찾은 준남극에서 꿈에 그리던 알바트로스 새를 만난 시간은 불과 반나절이었다.

어쩌면 여행은 그런 것일지도 모르겠다. 긴 고생 끝에 잠시 맛보는 감동을 위해 기꺼이 시간을 투자하는 것.

인생도 이것과 무엇이 다를까?

이번 호주 여행의 일상도 별반 다르지 않다. 하루의 3분의 1은 잠을 자고, 낮의 대부분은 운전을 하거나 밥을 차려 먹고 설거지를 하고 샤워를 하거나 화장실에 가는 등, 기타 일상으로 시간을 쓴다. 이런 시간

들을 제외하면 아마 여행 그 자체에 쓰는 시간은 그렇게 많지 않을 것이다. 하지만 여행 중에 맞이하는 평범해 보이는 이 일상은 사실 평범하지 않다. 평소에는 아내가 해주던 음식, 설거지, 빨래, 심지어 망고 써는 일까지 모두 내가 다 해야 한다. 그러고도 집에서는 생각지도 못했던 눈치를 봐야 하고, 그렇게 좋아하던 늦잠까지 포기해야 한다. 평소에 너무도 당연하게 생각했던 내 사소한 습관 때문에 멤버들과 작은 충돌이라도 생기면, 내가 잘못 생각하고 살았는지 의심도 해본다. 무더위에 파리와 모기에 시달리는 것은 덤이다. 이처럼 불편한 여행을 우리는 왜 하고 있는 것일까?

여름에 시원하고 겨울에 따뜻한 내 집, 틀면 무한정으로 나오는 온수와 때가 되면 먹을 수 있는 저녁밥, 저절로 깨끗해지는 부엌이 그냥 주어지는 것이 아니었다는 걸 비로소 알게 된다. 남을 배려하고 일상을 유지한다는 것에는 많은 에너지와 시간이 필요하다는 것, 더불어 사는 사람들의 마음을 헤아리고 감사하는 것에 대해 오롯이 이해하게 되는 시간이다. 오늘 이동거리 : 467㎞, 총 이동거리 : 6,435㎞

보압 나무와의 대화

주 경계선을 넘을때
야채.과일을 버려야한다.
버리기전에
마이테우기
작전인데
많이
엄마어마
하다.

타임머신을 타고 주 경계를 넘다

노던 테리토리주와 웨스턴오스트레일리아주 경계를 5㎞ 정도 남겨둔 작은 국립공원에서 아침을 맞았다. 우리는 곧 타임머신을 타게 된다.

우리 1호차의 아침식사가 오늘따라 과하다. 평소엔 적게 먹으려고 노력했는데 오늘은 폐가 위장에 눌려 숨이 가쁠 정도로 많이 먹었다. 양파 여러 개를 넣은 크림스프 한 솥, 망고 여덟 개, 그리고 귤 대여섯 개까지. 이런 아침식사에 '보더 브렉퍼스트(Border Breakfast)'라는 이름을 붙였다. 그럴싸하지 않은가?

웨스턴오스트레일리아주는 다른 주에 비해 농축산물의 검역이 철저하다. 야채, 과일, 고기 등 모든 식품은 주 경계를 넘기 전에 모두 폐기해야 한다. 그래서 우리는 남아 있던 음식물을 모두 배 속에 넣어야만

주 경계를 넘으며 거치게 되는 검역소

했다. 그럼에도 남은 음식은 결국 주 검문소에서 버리기로 했다. 노던 테리토리주 기준 오전 9시 10분에 1번 도로의 소박한 검문소 앞에 왔는데 작은 승합차가 한 대 있을 뿐 검문소는 뜸하다. 승합차가 가고 나자 검문소 직원 두 명이 우리에게 걸어왔고, 우리는 먹다먹다 도저히 못 먹고 남긴 귤 몇 개와 사과 몇 개를 박스에 넣어 자진 신고했다. 정중하게 직원이 들어와 냉장고 검사를 하고는 바로 통과. 검역은 5분도 채 걸리지 않았다. 그리고 우리가 얻은 시간 보너스는 무려 한 시간 반이다. 웨스턴오스트레일리아 주로 넘어온 현재 시간은 오전 7시 45분, 타임머신을 탄 것만 같다.

검문소를 지나 서쪽으로 달리자 갈수록 보압(Boab) 나무들의 밑동이 점점 두꺼워진다. 점심 먹으러 정차한 로드하우스 옆 공터에 커다란 보압 나무 한 그루가 서 있다.

1,500년간 이곳을 지켜온 늙은 보압 나무

쉿~! 지금부터 하는 이야기는 여러분께만 드리는 귓속말이다.

믿든 안 믿든 여러분의 자유이지만 나는 그 보압 나무와 잠시 이야기를 나눴다. 여러분이 뭐라든 상관없다. 난 보압 나무에게 들은 이야기를 전할 뿐이다.

먼저 내가 만난 보압 나무에 대해서 소개하겠다.

그는 1,500살이 넘었으며, 호주에서 가장 나이가 많은 생명체이다. 아주아주 먼 옛날 호주 땅이 아프리카와 붙어 있다가 두 개로 떨어지면서 그의 조상은 형제인 바오밥(Baobab) 나무★와 멀어져 지금의 보압 나무가 되었다고 한다. 긴 세월을 지내다 보니 많은 일을 겪었다. 최소 2,000번 이상의 들불을 견뎠고, 큰불에 주변의 친구들이 죽는 바람에 절망에 빠졌던 적도 있었다. 하지만 그는 새로 나는 싹들을 격려하느라 슬퍼할 틈도 없었다. 죽을 고비도 많이 넘겼다. 80번 이상 번개를 맞아 멋진 대칭형이었던 모습이 지금처럼 한쪽으로 기울어졌다. 그런데 이상하게도 기울어지면서부터는 번개를 맞지 않았다고 한다. 800년 전의

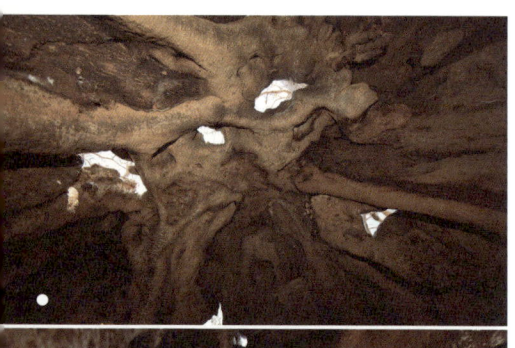

● 보압 나무 줄기 내부의 공간
●● 사람이 드나들 수 있을 정도로 거대하다.

대홍수 때는 뿌리가 뽑혀 넘어질 지경이었지만, 뿌리에 엉켜 있던 큰 바위의 도움으로 고비를 넘겼단다.

그는 가장 행복했을 때를 그려보면 지금도 웃음이 난다고 말한다.

"뿌리 밑동 구멍에 고아나(Goanna) 도마뱀 가족이 5대에 걸쳐 살아가고 있었고, 나뭇가지 끝에는 벌집이 있었고, 가지 끝에는 대식가인 거미집이 있어서 거기서 떨어지는 곤충 껍데기가 많은 양분이 되었어. 주변에 흰개미 탑 여섯 개가 있었던 시절에는 그 많은 대식구들 덕분에 하루도 웃지 않는 날이 없었지. 들불이 나서 모두에게 위험이 닥치면 많은 동물들이 흰개미 탑 밑의 구멍으로 대피했고, 살아남은 친구들은 함께 힘을 모아 어려움을 극복했어. 그중 고아나 가족은 정말 좋은 친구들이었어. 진지한 척 잘 웃지 않는 녀석들이었지만, 주위의 개구리들에게까지 정겹게 대해주었어. 배가 고파 개구리를 잡아먹으면서도 늘 고마움을 잊지 않았지.

매년 찾아오는 가장 행복한 시간, 즉 가뭄이 끝나고 우기가 시작되면 나는 몸통에 물을 가득 채워놓지. 나는 주변 어느 생명체보다 많은 물을 저장할 수 있거든. 더 이상 들어갈 수 없을 정도로 가득 찼을 때가 난 제일 행복해. 물을 많이 모아서 행복한 게 아니야. 주변이 말라 어디서도 물을 찾을 수 없을 때면 모두들 내게로 오거든. 나를 찾아와서 다들 기뻐하고 행복해하는 그들의 웃음이 좋아. 그들이 기뻐하는 모습에 나는 호주의 모든 생명체 중에서 가장 많은 물을 가장 신선하게, 오래 저장할 수 있게 되었지."

나는 그런 보압 나무에게 말했다.

"보압 씨는 내가 아는 한 호주에서 제일 멋져요. 1,500년 동안 한결같이 친구들을 사랑하는 마음, 큰불과 번개를 견뎌낸 끈기, 물을 저장해

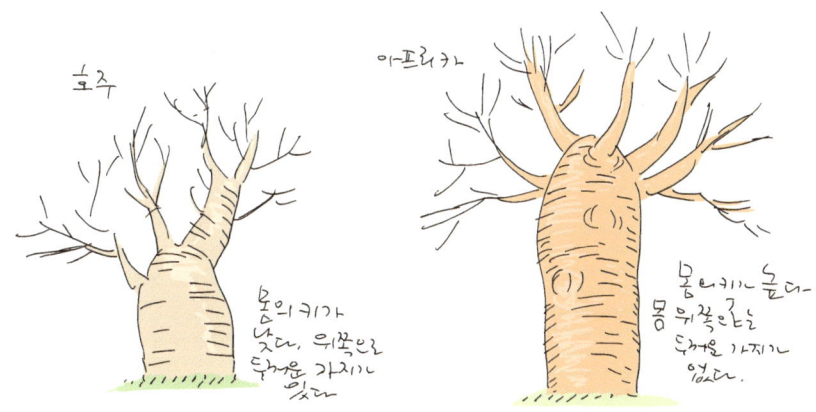

호주 보압나무와 아프리카 바오밥나무는
기능은 좋이마지만 모양이 다르다

호주

아프리카

몸의 키가
낮다. 위쪽으로
두꺼운 가지가
있다

몸의 키가 높다
위쪽으로 몸
두꺼운 가지가
없다.

135

길가에 서 있는 보압 나무

목마른 생명에게 나누는 당신에게 반했어요."

그러자 보압 나무는 말했다.

"아니야. 1,500년 동안 하루도 쉬지 않고 성실히 비춰줬던 햇빛이 없었다면, 갈증이 극에 달할 무렵이면 찾아와 내 몸 가득 물을 채워준 비구름의 도움이 없었다면, 큰불에 자신을 태워 자양분이 된 주변 나무와 풀들의 희생이 없었다면 나 혼자서는 아무것도 할 수 없었을 거야. 하다못해 내 뿌리를 베고 자고 일어난 애버리진 친구들이 싸준 소변도 도움이 되었지.

가지에 앉았던 새들은 먼 곳의 지혜를 들려줬고, 흰개미들은 근처의 비밀스런 소문을 알려줬어. 그들이 없었다면 나는 그저 작은 씨앗에 불과했을 거야. 세상의 모든 생명은 크든 작든 주변의 도움이 없으면 작은 씨앗이나 알에서 벗어나지 못해. 그래서 우리는 서로 소중한 친구이고 생명을 가진 동등한 존재인 거란다."

이 특별한 20여 분의 대화를 마치자 보압 나무는 다시 잠이 들었고, 우기가 시작되는 1월까지는 깨어나지 않을 것이다.

25시간 30분의 긴 하루가 지났다. 보너스로 받은 한 시간 반뿐만 아니라 20여 분의 짧지만 긴 보압 나무와의 대화 때문이었다.

오늘 이동거리 : 370㎞, 총 이동거리 : 6,805㎞

> ★ **보압 나무와 바오밥 나무**
> 아프리카에 있는 바오밥 나무의 학명은 이명법으로 *Adansonia Digitata*, 호주 북서부의 보압 나무의 학명은 *Adansonia Gregorii*이다. 즉 *Adansonia*라는 같은 속이며 종만 다르다.

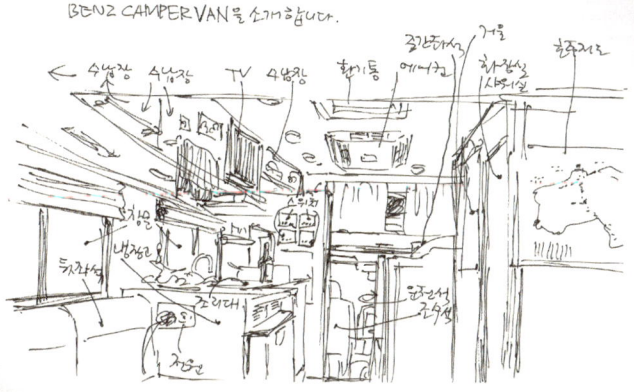

WESTERN AUSTRALIA (1)
웨스턴오스트레일리아

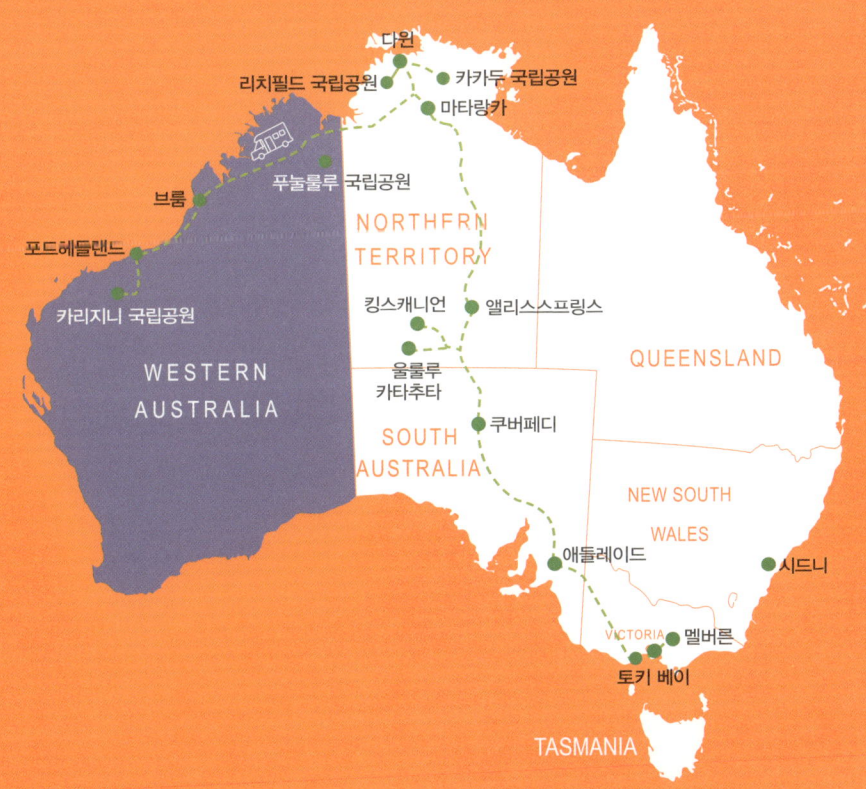

다윈
카카두 국립공원
리치필드 국립공원
마타랑카
브룸
푸눌룰루 국립공원
포드헤들랜드
NORTHERN
TERRITORY
카리지니 국립공원
킹스캐니언
앨리스스프링스
WESTERN
AUSTRALIA
울룰루
카타추타
QUEENSLAND
쿠버페디
SOUTH
AUSTRALIA
NEW SOUTH
WALES
애들레이드
시드니
VICTORIA
멜버른
토키 베이
TASMANIA

악조건을 뚫고 만난 벙글벙글 레인지

푸눌룰루 국립공원(Purnululu National Park)은 여행자에게 '거의' 완벽하게 매혹적인 곳이다. 서울의 네 배 넓이인 2,400㎢의 엄청난 크기로, 세계문화유산으로도 지정되어 있으며 비교할 만한 곳이 없을 만큼 독특한 아름다움을 자랑한다. 특히 한 장의 사진에 사로잡혀 예전부터 "저긴 꼭 간다!"고 다짐했던 벙글벙글 레인지(Bungle Bungles Range)는 아름다운 이 공원 안에서도 내겐 꿈같은 곳이다. 친근감 있는 우리말 '싱글벙글'을 연상시키는 이곳은 동글동글한 봉우리 모양의 바위지대로, '사암(모래바위)'이라는 뜻이다.

그런데 이토록 멋진 이곳에 방문하는 사람은 1년에 고작 2만 7,000명 안팎에 불과하단다. 왜일까? 푸눌룰루 국립공원에 들어가기까지에는 두 가지 큰 난관이 있기 때문이다.

첫 번째로 이곳은 4~11월까지의 건기 동안만 개방되는데, 정확한 날짜가 정해져 있지 않다. 국립공원으로 들어가는 길의 상황에 따라 개방

벙글벙글 레인지의 험한 길을 가기 위해 트럭을 개조한 버스

을 결정하기 때문이다. 건기인 4월이라 해도 비가 오면 길이 마를 때까지 기다려야 하고, 우기 이전인 10월이라도 큰비가 오면 공원을 개방하지 않는다. 1년 중 절반만 오픈하는데, 그나마 비가 오게 되면 문이 굳게 닫혀버리는 것이다. 2007년에 아내와 함께 왔다가 잠긴 게이트만 보고 돌아섰던 기억이 선하다.

또 다른 어려움은 1번 도로로부터 비포장도로를 53㎞ 더 달려야 국립공원에 도착한다는 점이다. 그런데 이 53㎞의 비포장도로가 악명 높다. 다리가 없는 강물을 몇 번이나 건너야 하고, 진흙뻘도 건너야 하는 데다 꼬불꼬불한 길에 노면 상태까지 최악이다. 길의 상황이 이렇다 보니 캠퍼밴은커녕 승용차로도 힘들다. 4륜구동 차량에 노련한 운전 실력, 거기다 비포장도로 운전에 따른 보상이 되는 자동차 보험에 가입되어 있으면 도전해볼 수 있겠다. 그런데 이곳까지 오는 여행자들 중에 이 모든 조건

BUNGLE BUNGLE TOUR

30×6=180만원짜리 관광이다. 계곡이 크고
아름답다. 돌긁고 침사하는건 마찬가지 었으나
스케일이 달랐다.
관광을 촬영했으나 비포장을 심하게 달려서 기진맥진.

을 다 갖춘 사람이 몇이나 되겠는가?

하지만 이러한 까다로운 조건이 반항아적인 우리 팀의 기질에 불을 댕겼다.

"이런 기회가 또 언제 오겠나"라는 생각과 "과연 얼마나 멋있기에"라는 두 가지 유혹에 우리는 이성의 끈을 놓고 말았다. 결국 거액을 지불하고라도 가기로 한 것이다.

푸눌룰루로 들어가는 차는 4륜구동 트럭을 개조해 만든 트럭형 버스인데, 세련되거나 안락한 승객용은 아니다. 창문은 열리지 않고, 투박한 미끄럼 방지용 금속 패널이 바닥에 깔려 있으며, 이것과는 어울리지 않는 잔무늬의 좌석 서른세 개가 따닥따닥 붙어 있다. 아침 7시에 출발하여 오후 4시 30분에 돌아오는 일정으로, 요금은 차량 상태에 비해서는 몹시 비싼, 1인당 AU$315이지만 푸눌룰루의 벙글벙글 레인지를 걷는 방법은 이것밖에 없다. 그래서 우리는 예산에도 없던 총 AU$1,680를(단체 할인을 받아 1인당 AU$280로) 지불하고 출발했다.

붉은 띠와 검은 띠가 층을 이룬 신비한 피카니니

우리가 탄 버스는 일본의 이스즈(ISUZU) 트럭을 개조해서 만든 특수 차량에 좌석을 올려 무게중심이 높아진 탓에, 좌우로 흔들림이 엄청나다. 창문 가까이에 머리를 대고 바깥을 보다가 두 번이나 눈두덩을 부딪치기도 했다. 작은 돌 하나에도 엉덩이가 얼얼한데, 가끔 큰 돌을 넘을 때면 허리가 아플 정도로 충격도 세다. 바닥의 틈새로 올라오는 먼지와 소음, 창으로 들어오는 따가운 햇볕에 에어컨디셔너의 찬바람도 시원하지 않다. 트럭을 개조한 차량이라 애초부터 큰 기대를 하진 않았지만 견디기가 쉽지 않다.

불과 53㎞ 떨어진 안내센터까지 가는 데 두 시간이 소요되었다. 화장

피카니니의 트랙 입구. 반드시 물을 준비해야 한다.

145

실에도 들르고 잠시 휴식을 하려고 차에서 내리니 마치 두 시간 동안 놀이기구를 타다가 내린 기분이다.

"꿈을 이루기 위해 이 정도 고통은 아무것도 아니다"라고 스스로 최면을 건 후 마음을 가다듬고 다시 45분을 이동하여 드디어 벙글벙글 레인지의 피카니니(Piccaninny)에 도착했다. 흔들렸던 위장이 제자리를 잡지 못해 편치 않았던 속이 가로줄무늬의 둥그런 바위들이 나타나자 멀미 기운을 잊어버린다.

사진으로는 아담한 크기로 보였는데, 실제 모습은 어마어마하다. 하나의 대륙이 그대로 한 나라인 호주에서 우리가 들렀던 울룰루, 카타추타 등 모든 곳의 볼거리가 언제나 상상했던 것보다 훨씬 더 컸다. 벙글벙글은 철 성분이 많은 붉은 띠와 말류가 덮여 있는 검은 띠가 반복적으로 층을 지어, 마치 우주인들이 살고 있는 복합 주택처럼 생긴 모습이 신비감을 자아낸다.

투어 회사에서는 일행에게 간단한 모닝 티를 제공했다. 커피와 함께 제공된 과자가 중요한 에너지원이 될 것이다. 오늘 우리가 걷게 될 트랙은 피카니니 지역의 전망대와 캐시드랄 협곡(Cathedral Gorge)이다. 길은 숲을 지나 피카니니 지류(Piccaninny Creek)가 흘렀던 마른 모래 위쪽 바위로 이어진다. 좌우로 서 있는 바위들이 산 위에 층층이 있는 모양이 마치 컴퓨터 그래픽 속으로 들어온 느낌이다.

10시가 넘자 강렬한 태양이 본격적으로 지표면을 덥히기 시작한다. 피부가 마르고 살갗이 따갑다. 호주 정부는 이곳 사막에서 가만히 서 있는 경우에도 한 시간에 1리터의 물을 마시도록 권장하고 있다. 움직일 경우에는 그보다 훨씬 더 많은 물을 마셔야 하는데, 가능하면 갈증이 나기 전

가로줄 무늬가 선명한 피카니니의 기이한 바위 모습

에 물을 마시는 것이 중요하다. 도시에서는 물 취급도 받지 못할, 30도가 넘는 미지근한 물이 벌컥벌컥 들어간다. 점심으로는 야채와 햄, 치즈를 넣은 난(Naan) 빵으로 싼 간단한 샌드위치가 제공되었다.

피카니니의 모습은 어떤 말로 설명해도 모자란다. 이곳에 왔다는 것 자체가 행복이다.

깊숙한 직벽, 에키드나 캐즘에서 부는 바람

공원이 워낙 크다 보니 내부에서의 이동도 시간이 상당히 걸린다. 간 단한 점심식사 후 다시 한 시간을 이동해서 도착한 곳은 호주의 커다란 고슴도치인 에키드나(Echidna, 이키드나라고도 함)의 이름을 따서 만든 에 키드나 지역이다. 벙글벙글 레인지의 북쪽에 있는 곳으로, 암질이나 풍

깊고 좁은 에키드나 캐즘의 모습

경 자체가 완전히 달라진다. 피카니니 지역의 바위는 주로 사암인 데 비해, 이곳은 역암(Conglomerate, 자갈이 진흙이나 모래와 굳어져 만들어진 퇴적암)으로 이루어져 있고 직벽 사이의 좁은 틈인 200m 깊이의 캐즘(Chasm)으로 이루어진 통로는 말도 안 될 정도로 깊고 좁다. 이곳을 에키드나 캐즘이라고 한다. 바닥은 햇빛이 비치지 않아 어둡지만 하늘에서부터 퍼져 내려오는 빛이 주는 아름다움이 이곳의 포인트다. 게다가 캐즘 사이에는 외부와 전혀 어울리지 않는 낮은 온도와 쉴 새 없이 살랑이며 불어오는 바람이 있다. 이 환상적인 휴식처에서 나가기가 싫다.

투어가 끝나고 캐러밴 파크로 되돌아오는 두 시간. 소음, 먼지, 덜컹거림, 멀미에 오후의 한층 더 강렬한 무더위까지 함께 태우고 캠퍼밴으로 돌아왔다. 이번 여행 중 가장 피곤한 하루였다. 오늘 이동거리 : 0㎞, 총 이동거리 : 6,805㎞

호주 아웃백의 아이콘, 로드 트레인

아웃백의 쭉 뻗은 직선도로와 지평선이 만나는 소실점은 호주 여행에서 내가 기억하는 가장 대표적인 이미지가 될 것 같다. 시드니의 오페라하우스나 캥거루보다 훨씬 더 호주를 잘 나타내는 풍경이기도 하다. 이런 아웃백에는 상상도 못할 특별한 차가 다닌다. 바로 '로드 트레인(Road Train)'이다.

로드 트레인이란 기차가 아니라 화물차인데, 큰 것들은 100개가 넘는 바퀴를 달고 있기도 하고, 보통 2~3개의 트레일러를 추가로 달고 다니며 길이가 53m, 무게는 약 80~120톤에 달하기도 한다. 아웃백의 도로처럼 직선도로가 많다는 것을 이용해서 만들어진 특수 차량으로, 역시 19세기 중반 호주에서 세계 최초로 만들어 현재는 멕시코, 캐나다, 미국과 같이 땅이 크고 직선도로가 많은 나라에서 이용되고 있다.

거대한 괴물처럼 굉음을 내며 질주하는 이놈들을 도로에서 마주치면 마

로드 트레인 옆에 선 운전사 잭

치 영화 ≪매드 맥스≫ 속에 들어와 있는 듯한 착각에 빠진다. 철골로 만든 특수 범퍼를 앞쪽에 달고 내달리는 모습은 무척이나 위협적인데, 이것은 소나 캥거루가 부딪힐 경우 차체를 보호하기 위해 만든 장치라고 한다.

아웃백을 운전하다 보면 이런 로드 트레인을 하루에 몇 번씩 만나게 되는데, 좁은 다리에서 마주치면 우리 캠퍼밴이 휘청거린다. 50m가 넘는 몸체에도 제법 속도가 빠르기 때문에 캠퍼밴으로 추월하는 건 일찌감치 포기하는 것이 좋다. 꼭 추월을 하고 싶다면 최소 1~2㎞ 이상의 직선도로에서 안전이 확보된 경우에만 시도해볼 수 있다.

호주에서 로드 트레인은 없어서는 안 될 주요 물류 운송수단이다. 인구밀도가 낮고 비행장이 아예 없는 중앙 사막의 애버리진 마을들의 경우는 거의 모든 물품을 로드 트레인에 의지한다.

● 중앙 사막 지역의 물류를 책임지는 로드 트레인 ●● 운전석 뒤에는 잠을 잘 수 있는 침대가 있다.
●●● 최대 네 개의 트레일러를 연결하고 다닌다.

우리는 휴게소에서 만난 로드 트레인 운전사의 양해를 얻어 내부를 둘러보았다. 운전용 좌석에 앉아보니 충격을 흡수하는 스프링과 압소바(완충장치)가 달려 있어 생각보다 훨씬 안락했다. 거대한 트럭 외관과는 완전히 다른 느낌이다. 운전석 뒤쪽으로는 뒷좌석 대신 푹신한 침대가 놓여 있다. 장거리 운전에서 휴식을 취할 수 있는 공간으로 손색이 없어 보인다.

하루 열네 시간 이상의 운전은 법적으로 규제되어 있으며, 로드 트레인 운전사들은 보통 열두 시간 정도 일을 하고 일일 평균 4AU$50~500의 보수를 받는다고 한다. 이 정도 보수는 호주에서도 꽤 많은 편이다.

호주 아웃백에 로드 트레인이 없다는 건 상상할 수 없는 일이다. 아웃백의 아이콘으로 550마력의 웅장한 엔진 소리를 내뿜으며 홀로 끝없는 길을 달리는 이들에게서 당당한 자부심과 함께 단단한 외로움이 느껴진다.

시골 출신 잭의 표정에 웃음기는 없었으나 친절했다. 우리도 열흘이 넘도록 아웃백 지역에서 운전을 하고 있지만 우리는 원할 때 쉬고, 자고, 동료들과 시간을 같이 보낼 수 있다. 하지만 잭은 이 커다란 로드 트레인에서 말벗 하나 없이 외로이 핸들을 잡고 정해진 곳까지 종일 운전만 해야 한다. 때론 음악을 크게 틀어 외로움을 달래겠지만 좁은 공간을 채우는 것은 550마력의 엔진 소리뿐, 운전대를 잡은 그는 무표정한 얼굴로 변함없이 끝없는 도로를 질주할 것이다. 발판 위에 덩그러니 놓인 커피와 오른손에 끼워진 담배는 그의 외로움과 졸음방지용 습관임을 짐작하기 어렵지 않다.

곧 가족이 있는 집에 돌아가 귀여운 두 딸을 만나 활짝 웃는 그의 얼굴을 상상해본다. 오늘 이동거리 : 484㎞, 총 이동거리 : 7,289㎞

로드 트레인 운전자 잭 존슨 씨와의 인터뷰

잭 존슨(Jack Johnson) :
쿠누누라(Kununurra) 거주, 두 딸의 아빠
Truck 제원
Model : Western Star 6900
Engine : Cummins E5 (550마력/배기량 15,000cc)
견인 능력 : 160톤
연료통 크기 : 1,600리터 (디젤)

로드 트레인으로 주로 뭘 옮기나?

별거 별거 다 옮긴다. 기계류, 연료, 소, 양, 식품 등 싣고 옮길 수 있는 건 다 옮긴다. 소나 양이 탔을 경우에는 운전을 조심해야 한다. 급브레이크는 안 된다. 조금 미끄러지는 것만으로도 크게 다칠 수 있기 때문이다.

만약에 고장이 나면 어떻게 되나?

고장이 나면 운전자가 할 수 있는 일은 아무것도 없다. 무전으로 연락하면 전문 기술자가 와서 수리한다. 예전에는 통신이 되지 않았기 때문에 문제가 생기면 방법이 없어 직접 해결해야 하는 경우도 많았는데, 지금은 세상이 좋아져서 기다리면 된다.

로드 트레인 운전사로서 보람은?

고되지만 한마디로 멋진 일이다. 우리는 호주 전역의 모든 사람들에게 삶을 전하는 메신저이다. 아웃백에 우리가 없다는 건 상상할 수 없는 일이다. 우리는 아웃백의 아이콘이다. 그리고 돈도 많이 번다.

마지막으로 한마디?

여행 잘해라. Bye Mate~!

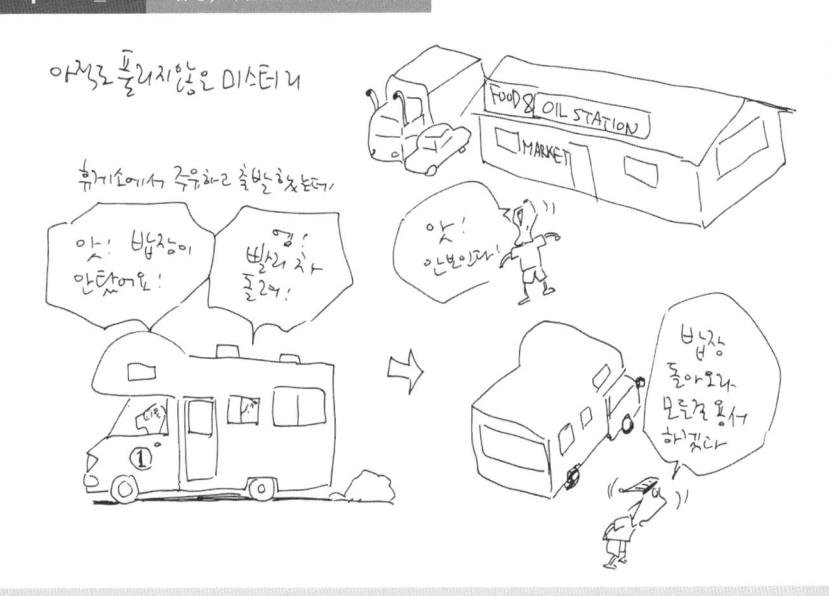

인도양에 뛰어들다, 브룸의 케이블 비치

나는 물냉면을 좋아한다. 그중에서도 슴슴한 평양냉면은 정말 죄고다.

적당한 염도에 신맛과 육수가 어우러진 평양냉면은 전 세계 어떤 것도 대체할 음식이 없다. 특히 이처럼 끔찍하게 무더운 날씨에 냉면의 진가는 한층 더 빛을 발한다.

지난 며칠 동안 우리가 온 길은 무더위 그 자체였다. 그늘 쪽의 온도가 40도에 육박하니 뙤약볕의 온도는 말해 무엇하겠는가? 밤낮으로 달구어진 캠퍼밴에서는 찬물을 틀어도 따끈따끈한 온수가 나온다. 붉게 번들거리는 대지는 화성을 옮긴 듯 물기라곤 찾아볼 수 없고, 자연 발화로 생긴 검은 재는 뜨거운 볕 한 톨도 남기지 않고 모조리 흡수하고 있다. 이미 냉장고는 제 역할을 포기하고, 그저 음식 상하는 속도를 조금 지연시키는 수준에 그친 지 오래이다.

해결책 없는 더위에 시나브로 지쳐가니 오늘따라 유난히 냉면이 간절하다.

몸과 마음을 식혀준 인도양의 일몰

우리는 더위와 햇빛으로 온몸이 뻘겋게 탄 채 흙먼지 풀풀 날리며 브룸에 도착했다. 휴일도 없이 다니는 여행자의 피곤함이 피부 밑에서부터 누렇게 올라온다. 말끔한 도시인의 모습은 온데간데없고, 누룽지처럼 갈라진 피부와 아무렇게나 눌려 헝클어진 머리는 영락없이 집에서 쫓겨난 부랑자 같은 모습이다. 이쯤 되면 안주머니에 넣어두었던 불만들이 송곳처럼 삐죽거린다. 누구의 어떤 불만이라도 고개를 들면 우리 팀워크는 엉망이 될 것이다.

이런 절체절명의 순간에 브룸의 케이블 비치★가 우리 앞에 나타났다. 동서 4,000㎞의 호주 대륙 서쪽 끝에서 만난 거대한 대양은 아프리카 대륙에서 8,000㎞가 넘게 떨어진 이곳과 맞닿아 있다. 유조선도 먼지보다 작아 보이게 하는 이 바다가 지독한 더위로 무너져가는 우리 귀에 속삭인다. "뛰어들어!"

케이블 비치의 저녁놀

차가운 인도양(Indian Ocean)의 바닷물에 몸이 닿자 '치익~' 하는 증기가 뿜어 나오는 것 같다. 20일이 넘는 동안 달구어진 불만들이 담금질되는 순간이다. 시뻘건 몸과 마음을 식혀준 인도양은 어느새 연지곤지로 단장한 새색시처럼 일몰을 뿜낸다. 여행으로 지쳐 있던 동료들의 얼굴이 인도양의 일몰

석양 앞에서 뛰어오르다. 왼쪽부터 나, 허영만, 정상욱, 밥장.

앞에서 환희로 무너진다. 식었던 열정이 고속으로 충전되는 순간이다.
아, 어쩌면 창조주는 뜨거운 사막 끝에 이 바다를 붙여 지구를 디자인
했을까? 절로 두 손이 모아진다. 오늘 이동거리 : 334km, 총 이동거리 : 7,623km

★ 케이블 비치 Cable Beach
케이블 비치는 호주 북부 쪽에서 한정적으로 안전한 몇 안 되는 해변이다. '한정적'이라고
말하는 이유는 수온이 28.3도 이하인 건기에는 별 문제가 없지만 수온이 그 이상으로 올라
가는 우기(11~4월)에는 이루칸지(Irukandji)라는 1cm 정도의 작은 맹독성 해파리 때문에 무척
위험하기 때문이다. 호주 북동부의 이루칸지라는 애버리진 종족의 이름을 따서 이루칸지라
불리게 되었으며, 이 해파리의 독침에 쏘이면 처음에는 모기에 물린 정도이지만 몇 분이 지
나지 않아 어마어마한 고통이 몰려온다. 고통은 몇 주 동안 계속되기도 하는데 심하면 사망
에 이른다. 요 몇 년 동안 보고된 사고만도 159건에 달하며, 아직까지 해독제가 없는 상태
이다. 모르핀을 맞으며 그냥 견뎌내야 할 뿐 해결방법이 없다.

주인 없는 땅? 애버리진의 슬픈 역사

빠른 것은 느린 것보다 가치 있고, 큰 것은 작은 것보다 가치 있다고 한다. 예쁜 건 못생긴 것보다, 귀한 건 흔한 것보다, 강한 건 약한 것보다 더 가치가 있다고들 한다. 하지만 이런 가치 기준은 절대적일 수 없음에도 수많은 인간들은 끊임없이 가치를 매기고 평가하면서 자신들의 기준에 맞춰 타 민족의 고귀한 문화와 문명을 파괴해왔다. 호주의 과거를 살펴보면 우리의 잘못된 생각이 얼마나 끔찍한 결과를 낳는지 명료하게 볼 수 있다.

쿠버페디에서 이곳까지 여행하면서 유난히 내 눈에 밟히는 사람들이 있었다. 전 세계 누구보다 특별한 능력을 가졌던 사람들, 한때는 호주 사막을 횡단할 수 있는 유일한 능력을 가졌던 호주 대륙의 원주민, 애버리진이 그들이다. 애버리진은 이곳 노던 테리토리 인구의 30%를 차지하고 있다. 그런데 우리는 지금까지 원주민과 눈을 마주치거나 인사를 나눈 적이 없다. 그들은 철저히 폐쇄적이고 방어적인 모습으로, 이방인에게 곁을 허락하지 않는다. 사진을 찍거나 이야기를 나누는 것은 상상할 수조차 없다.

검은 얼굴에 왜소한 어깨, 그리고 툭 튀어나온 배를 가진 그들은 작은 나무 그늘 아래 동그랗게 모여 앉아 그들끼리 이야기를 나눈다. 짧은 보폭으로 한없이 느리게 걷고 있는 그들을 보면 마치 희망의 씨앗이라고는 가져본 적도 없는 사람들처럼 보인다.

오래전, 잘 알고 지내던 잡지사의 편집장이 보내준 『무탄트 메시지』라는 책을 읽은 적이 있다. 불과 몇 페이지를 넘기기도 전에 나는 그 책에 사로잡히고 말았다. 4만 년 가까이 호주 땅에서 250개 이상의 언어를 사용하면서 다양한 생명들을 존중하며 지혜롭게 살아온 애버리진에 관한 이야기였다. 그들은 여행과 모험을 좋아했던 자유로운 영혼이었다.

하지만 우리가 본 그들의 현실은 암담했다. 정복자들은 이들을 원숭이와 인간 사이의 잃어버린 고리(Missing Link), 그중에도 원숭이 쪽에 가까운 '동물'이라고 주장했다. 그리고 이 논리는 살육자들에게 최후의 방해물이 되었던 양심의 가책을 제거하는 데 큰 도움이 되었다. 그들에게 애버리진은 진화의 중간에 서 있는 멸종될 동물일 뿐이었다. 그러므로 정복자에게 애버리진의 땅은 무주공산, 즉 '주인 없는 땅!(Terra Nullius!)'이었던 것이다. 이들은 이렇게 처참하게 짓밟혔으며, 믿기 어렵겠지만 1970년대 초까지만 해도 이들이 낳은 아이는 다른 곳에 강제로 입양되었고, 부모로부터 철저히 격리당했다. 호주 내의 모든 주에서 이들이 투표권을 인정받은 것은 1967년이었으며, 2008년 총리 케빈 러드가 최초로 공식 사과하였다. 지금도 인터넷에서 애버리진을 검색하면 온통 학살, 살육, 억울함, 착취, 폭력, 강간, 알콜 중독 등 암울하고 고통스런 단어들만 나타난다.

지금 이곳 호주는 평화롭고 아름다워 보이지만, 초창기의 무지하고 탐욕스러운 정복자들이 애버리진에게 가한 정신적 족쇄는 누구도 풀지 못하

작은 마을의 상점 앞에서 이야기를 하는 애버리진들

Aborigine 호주원주민

4만년전부터 원주민은 호주에 살고 있었다.
쿡선장이 호주를 발견한 이후 1770년부터
유럽지역의 호주 동해안을 점거하기 시작했다. 시드니,
유럽 점거 량이 저지로 시드니에 살던 백인이 거리나
죽었고 원주민과의 전쟁에서도 백인, 원주민이 많이
죽었다. 서쪽은 1829년부터 점거되었고 원주민들은
살기 좋은 곳에서 쫓겨나 사막으로 밀려들어갔다. 1851년
골드러시시대 많은 백인들이 몰려왔고 1901년 영국 식민지에서
호주연방정부로 독립. 백호주의의 이민 제한정책이 실현됐다.
예전까지의 1967년에야 투표권이 생기고 그후에 백인들에게 당했던
고초를 옛날로 "Sorry"라는 말로   자손은 백인들이 사과했다.
(2008년)

백인들은 애버리진을
2001년동안은 인도취급을
하지 않았고 2세에
300개부족이었던
원주민의 90%가
사라져버렸다

고 있다. 뒤늦게 나선 호주 정부는 이들의 문제를 해결하기 위해 현재는 많은 노력을 하고 있다. 땅의 소유를 부분적으로 인정하고, 교육을 지원하거나 곳곳에 박물관을 세워 그들의 문화를 이해시키고자 힘을 쏟고 있다. 하지만 가장 약한 동물이 활기차게 살아가는 숲이 건강한 생태계이듯 애버리진이 자유롭게 여행자들과 웃으면서 그들의 언어로 이야기하고, 그들의 문화를 함께 느낄 수 있는 날이 되어야 비로소 과거의 족쇄가 풀리지 않을까? 여행작가인 나에게 애버리진의 현실은 오래도록 고통으로 남게 될 것 같다. 오늘 이동거리 : 0km, 총 이동거리 : 7,623km

브룸에서 케라우드렌 곶까지, 곧고 지루한 운전길

아침 식후 혼자여야만 하는 공간에서 이루어지는 나만의 예술!

어제의 것을 버리면서 조심스럽게 펼쳐보는 데칼코마니의 세계!

어제 저녁식사와 현재의 컨디션이 표현된 황금색의 향연!

이틀 동안 가졌던 브룸에서의 휴식이 좋긴 좋은가 보다. 몸의 컨디션이 한결 좋다.

오늘은 브룸에서 포트헤들랜드(Port Hedland)로 쭉 내려가는 일정이다. 모레 도착할 카리지니 국립공원으로 가는 중간 과정이다. 지도를 펴고 바닷가 해안을 따라 나 있는 도로를 타고 케라우드렌 곶(Cape Keraudren)까지 가는 목표로 하루를 마감하는 큰 그림을 그렸지만 그 전에 좋은 바닷가라도 나타나면 어디에서든 머물기로 했다.

대도시에 왔으니 아침 일찍 음식 쇼핑을 했다. 콜스(Coles)라는 대형 슈퍼마켓에 갔는데 이 시간만큼은 문명의 고마움을 느끼게 된다. 누군가 정성스럽게 길러 내놓은 신선한 수박(호주 북쪽 수박의 단맛은 예술이다)

과 채소, 깨끗하게 손질해놓은 정육, 그리고 갓 구운 구수한 빵 냄새만
으로도 마음은 위안을 얻는다. 가능한 한 매식은 지양하고 요리를 직접
해 먹기로 했으므로 재료는 맘껏 사기로 하고, 각자 평소에 먹기 힘든 것
들도 몇 개씩 구매한다. 저녁 바닷가에서 일몰과 함께 즐길 양갈비(kg당
AU$30), 내일의 양식인 소고기 안심과 연한 칠면조 햄(이건 저렴하다), 채
소와 과일도 장바구니에 채웠다. 호주의 식품 물가는 한국과는 정반대이
다. 마늘, 생강, 고추, 파 등의 양념류가 엄청 비싼 반면 육류와 야채 등
은 무척 값이 싸다. 멤버들이 가장 선호하는 돼지고기 배 부위 쪽 삼겹살
은 기름이 아주 얇게 퍼져 있고 야들야들해서 아무리 많이 사도 남기는
적이 없다. 냉장 상태로 유통되는 소고기도 부드럽고 육즙이 살아 있어
마음껏 먹을 수 있다. 또 호주 북쪽에 있는 대형 슈퍼마켓에서는 위생적

으로 도축한 고기들을 판매하고 있으므로 특별한 경험을 하고 싶은 사람들은 캥거루, 악어, 타조 같은 고기에 도전해보는 것도 괜찮다. 또 호주는 특히 과일이 맛있는데 제철에 나오는 망고, 멜론, 바나나, 파인애플, 수박 등은 꼭 먹어봐야 할 과일이다.

활주로처럼 뻗은 도로를 달려 도착한 케라우드렌

속았다. 지도상에는 분명히 바닷가를 따라 도로가 나 있었는데, 벌써 세 시간이 지나도록 바다는커녕 물 한 방울도 안 보인다. 호주의 지도 스케일 때문에 바닷가를 타고 가는 것처럼 보였지만 실상 도로는 바다에 가까운 내륙을 따라 곧게 뻗어 있었다. 우리의 '활주로' 운전은 계속된다. 먼 지평선과 도로가 만나 'ㅈ' 모양을 이룬 도로의 모습이 정지한 것처럼 변함이 없다. 노던 테리토리보다 부유한 웨스턴오스트레일리아주는 도로 사정도 더 좋아 차량의 진동마저 거의 없다. 표정 변화가 거의 없는 풍경에, 운전은 지루하기 짝이 없다. 변덕스러운 멤버들이 지루하

활주로처럼 곧게 뻗은 지루한 도로

다고 불만을 터뜨린다. 과연 꽉 막힌 도로와 빵빵거리는 소음으로 정신 없는 한국에 가서도 호주 운전을 지루하다고 기억할까?

우리는 비포장도로를 조금 더 달려 일몰 30분 전쯤 케라우드렌 곳에 도착했다. 캠핑장 입구에는 자진해서 비용을 지불하는 시스템(Self-Check in)이 되어 있다. 한 대당 AU$12, 1인 추가 시 AU$10이다. 그러므로 우리는 캠퍼밴 한 대에 AU$42씩을 각각 열쇠로 잠겨 있는 함에 넣었다.

케라우드렌 곳은 호주의 아름다움을 그대로 보여주는 곳이다. 무릎 정도까지 기기 지란 풀숲에서는 캥거루들이 우리를 보며 조심스럽게 뛰어다니고, 안쪽에 위치한 캠핑장에는 아이들의 깔깔거리는 소리가 활기차게 들려온다. 애들레이드에서 왔다는 부부와 네 명의 아이들이 넓은 캠핑장에 먼저 와 자리 잡고 있다.

저녁이 되어 양고기를 구웠다. 설거지를 최소화하기 위해 국은 끓이지 않기로 했다. 도마, 큰 냄비, 국자, 국그릇 등 설거지 거리가 많아져 곤란하다. 우리는 양고기 구이를 먹은 후 남은 기름에 밥을 볶고, 그 후에 물을 부

이곳 아이들은
맨발로 다닌다. 흙먼지, 벙벙이다.
한국 같으면 가당키나 할 일인가
우리보다 자연에 훨씬 가깝게
살고 있다.

어 라면으로 마무리한다. 설거지는 양고기 구이 불판 하나와 접시 여섯 개, 그리고 젓가락이 전부이다.

이번 40일 캠퍼밴 여정이 힘들긴 한가 보다. 봉주 형님이 드디어 "집에 가고 싶다"고 한다. 영만 형님도 옆에서 자꾸 한국에 있는 횟집 얘기를 들먹인다.

저녁 식후부터 갑자기 습해지더니 캠퍼밴 외벽에서 물이 줄줄 흐르기 시

작한다. 호주 여행 후 처음 있는 일이다. 지도를 보니 우리가 위치한 캠프 사이트는 3면이 바다에 둘러싸여 있는 작은 반도다. 해가 떨어져 밤이 되면서 바다의 습한 기운이 올라온 것이다. 습기가 가득 차 끈적끈적한 캠퍼밴 속이 몹시 불쾌하다. 며칠간 거의 0%에 가까운 습도에 적응된 우리의 밤은 쉽지 않을 듯하다. 캠퍼밴을 주 전원에 연결하지 못해 에어컨디셔너를 틀 수도 없으니, 긴 밤이 될 듯하다. 오늘 이동거리 : 0㎞, 총 이동거리 : 8,105㎞

좌우가 전부 바다인 케라우드렌 곶

미지에게 물리다: 포트헤들랜드까지 고난의 하루

　매일 먹는 밥을 씹다가 혀를 깨무는 날이 있듯이, 뜻하지 않은 일을 당하기도 하는 게 삶이다. 문제는 그런 날을 미리 알 수가 없다는 점이다.

　핸드폰은 오늘 날씨를 여전히 '맑음'으로 표시하고 있다. 20여 일 전부터 바뀌지 않는다. 그런데 왠지 오늘 아침의 맑음은 느낌이 많이 다르다. 어젯밤부터 높아진 습도에 캠퍼밴 벽과 차양막으로 물이 줄줄 흐른다. 건조한 공기에서보다 호흡은 한결 편해졌지만, 습지에서 날 법한 퇴비 같은 냄새 때문에 불쾌감이 느껴진다. 창밖의 맑은 풍경과 장마철 같은 습한 공기가 도통 어울리지 않는다.

　아침 일찍 환기를 하고 나서 포트헤들랜드를 향해 출발했다. 오늘도 길은 곧게 뻗어 있다. 호주에선 한국이나 뉴질랜드의 해안도로처럼 굽이굽이 아기자기한 길을 보기 힘들다. 도로는 자를 대고 주욱 그은 듯한 직선이다. 어제처럼 곧은 길을 운전하다 깜짝 놀랐다. 5㎜ 정도의 붉은 점이 팔뚝에서부터 시작해 온 팔을 덮고 있다. 특히 목 부분이 심

하게 반점으로 뒤덮여 있고 종아리와 허벅지에
도 반점이 가득한데, 징그럽기만 할 뿐 전혀 가렵
지는 않았다. 드 그레이 리버 휴게소(De Grey Rest
Area)에 도착하여 다른 사람도 살펴보니 용권 작
가, 밥장까지 몸에 반점이 가득했다. 늘 긴팔과
긴바지를 입고 있던 봉주 형님만 반점이 거의 없
었다. 마침 근처에서 캠핑을 하고 있는 호주 부부
를 찾아가 증상을 보여주고 물었더니, 어젯밤 어
디서 묵었는지 묻는다. 케이프 케라우드렌에서
잤다고 하니까, 잠시의 망설임도 없이 습지에 사
는 작은 날벌레 '미지(Midge)'★가 오줌을 싼 자

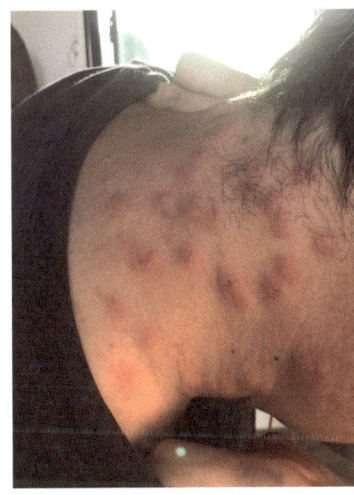

미지로부터 무차별 공격을 받은
피해자 김 씨

국이라고 한다(나중에 조사해 보니 피를 빨아 먹은 것이다). 먼지처럼 작아
눈에 잘 띄지도 않는 이 벌레에 물리면 처음에는 별로 가렵지 않다가
시간이 좀 지난 뒤부터 심하게 가려워진다고 한다.

출발 전 환기를 위해 창문을 열었던 것이 화근이었다. 창밖으로 길게
드리워진 붉은 태양 빛이 아니면 보이지도 않을 작은 벌레들이 습기와
함께 잔뜩 날아들었던 것이다.

> **★ 미지 Midge**
> 파리목 깔따구과의 곤충. 각다귀라고도 하며 아주 작은 날벌레를 통칭하여 미지라고 부르기도
> 한다.

서호주 최대의 산업 도시 포트헤들랜드

호주 서부 최대 산업 도시인 포트헤들랜드는 인구 2만 명 정도로, 주

포트헤들랜드의 부두에는 고기가 많다.

위 수백 킬로미터 인근의 광산에서 끌어모은 자원이 한데 모이는 곳이다. 이 자원들은 이 항구를 통해 해외로 보내진다. 그래서 이 도시는 그동안 우리가 보아온 청정한 다른 도시와는 완전히 딴판이다. 마치 거대한 물류 창고와 같다고나 할까. 도시 입구에는 거대한 염전에서 생산된 어마어마한 양의 소금 더미가 눈처럼 쌓여 있는 데 반해, 도시로 들어가면 아스팔트는 물론 지붕까지도 모두 붉은색 철가루가 덮여 있다. 광산에서 생산된 철광석을 직접 배에 쏟을 수 있도록 자동화되어 있는 기차의 길이가 3.7㎞에 달할 정도이고, 좁은 항구로 철광석을 싣기 위해 들어오는 거대한 벌크선들을 돕기 위해 두세 대의 예인선이 마치 로봇 팔처럼 정교하게 움직이고 있는 모습이 신기하다.

포트헤들랜드는 산업화를 거치며 '돈 벌기 좋은 도시'로만 인식되어 상대적으로 그 독특함은 잘 알려져 있지 않다. 그러나 이곳에는 다른 곳에선 볼 수 없는 독특한 투어가 있다. 어디에서도 보기 힘든 초대형 트럭이 굉음을 내고 다니는 '광산 투어'는 이곳에서만 체험이 가능한 특별한 상품이다. 우리는 일정이 맞지 않아 포기했지만, 비싸지 않은 가격에 한 시간 반 정도 광산을 둘러볼 수 있는 재미있는 상품이다. 투어가 매일 이루어지지는 않으므로 원하는 사람은 미리 스케줄을 알아보고 가는 것이 좋다.

낚시를 허탕 치고 가려움증에 시달리다

포트헤들랜드의 바다 쪽에서 해무가 밀려온다. 열대지방 특유의 무더위에 바다의 축축한 습기까지 곁들여져 꽤 불쾌한 느낌이다. 작은 놀이터가 있는 바닷가 공원 앞에 2층으로 만들어진 부두가 있다. 그곳에서 낚시꾼 두 명이 부지런히 루어를 던지고 감기를 반복하고 있는 모습이 보였다. 회를 먹고 싶다는 동료들의 특별 요청이 계속되고 있었으므로 나는 낚시를 유심히 보았다. 워낙 얕은 곳이라 잔생선이 낚이려니 했는데, 루어를 쫓아오는 고기들이 예상 밖이다. 40㎝는 족히 넘어 보이는 세련된 은색 물고기들이 앞다투어 루어를 쫓다가 개중 빠른 녀석이 먹이를 덥석 문다. 물 위로 튀어 오른 물고기가 몸부림을 치지만 낚시꾼은 이미 이런 사투에 이력이 나 있다. 대항하는 물고기의 몸부림은 낚시꾼에게는 짜릿한 손맛일 뿐이다. 일방적으로 줄다리기가 끝나고 장바구니로 고기가 들어가는 것을 보고, 나는 인도양의 물고기를 더 자세히 보려고 낚시꾼 쪽으로 가까이 다가갔다.

옅은 하늘빛에 은색이 어우러진 물고기는 한눈에 보기에도 아름답

● 크기가 꽤 커다란 퀸 피시　　● ● 저녁놀이 아름다우면 고기를 못 잡아도 본전이다.

다. 한국이나 뉴질랜드에서는 본 적이 없는 물고기이다. 인도양의 열대 바다에서 사는 물고기니 그간 볼 기회가 없었던 것이다. 보석함 같은 곳이 어울릴 법한 멋진 물고기가 먼저 잡힌 네댓 마리와 함께 낡은 재활용 장바구니에서 아직도 퍼덕이고 있다. 인도양의 조사(釣師)는 손 위에서 퍼덕이는 이 물고기의 이름이 퀸 피시(Queen fish)라고 했다. 맛있는 고기라고 입맛을 다셨더니 한 마리 가져가라고 한다. "와우~!"

　바다에 물고기가 많다는 증거를 봤으니 우리가 한 다음 행동은 당연히 낚시 장비 구매하기. 저녁식사로 회를 실컷 먹는 상상을 하며 무려 AU$60 정도를 투자해 바다 사나이라 자칭하는 영만 형님 손에 낚싯대를 들려놓았다. 그런데 그토록 쉽게 잡히던 물고기들이 모두 어디로 갔는지, 잡기는커녕 돌아다니는 물고기조차 구경하지 못하고 결국 낚싯

대를 사기 전에 기증받은 한 마리가 오늘 조과(釣果)의 전부이다.

오늘의 숙박지는 경마장 근처의 무료 캠핑장이다. 미지에게 물린 자국이 직사광선을 받고 난 후 가렵기 시작하더니 부어올라 목과 팔뚝, 허벅지 쪽이 울퉁불퉁하다. 게다가 그 끝에 조그만 물집이 잡힌다. 여태까지 여러 종류의 벌레에 물려봤지만 여간해서는 몸에서 별다른 반응이 없었는데, 이번은 심상치 않다. 물려도 너무 많이 물렸다. 특히 목쪽은 성이 난 채로 부어올라 움직이는 것도 부자연스럽다.

저녁 8시경, 너무나 가렵고 물린 자국에서 열이 나 샤워를 했다. 차 안이 습해져 캠퍼밴에서는 샤워를 하지 않았지만 지금은 비상사태이다. 찬물로 몸을 식히고 나니 그나마 진정이 되는 듯했다. 헌데 문제는 그다음부터 시작됐다. 며칠 동안 버리지 못했던 오수가 막혀 물이 내려가지 않는다. 위에서 계속 물을 부었더니 오히려 역류해 욕실 바닥에서

악취가 뿜어져 나왔다. 30분이 넘도록 온갖 수를 동원하다 결국 식수 파이프를 오수 파이프에 넣어 뚫었다. 하지만 캠퍼밴에 가득찬 악취와 끈적한 습도는 가려움증을 더 자극했다.

새벽 3시 15분. 너무 가려워서 잠에서 깼다. 가려움은 대단하다. 가려움과 화끈거림이 심해 도저히 잘 수가 없다. 작은 벌레가 피부 밑을 기어 다니는 느낌이다. '가려움'이라는 단어와 '괴로움'이라는 말이 같은 어원에서 나온 것이 아닐까 하는 생각까지 해본다. 잠들지 못하고 뒤척이는 머릿속에 내일 아침에는 약국이나 병원에 반드시 가야겠다는 생각 이외에는 아무것도 없다. 빨리 아침이 왔으면 좋겠다.

오늘의 교훈 : 열대지방에서 덥다고 함부로 벗지 말자.

오늘 이동거리 : 178㎞, 총 이동거리 : 8,283㎞

붉은 흙과 붉은 바위, 카리지니 국립공원

　눈 딱 감고 손톱을 바짝 세워 목 뒷부분을 30초만 박박 긁고 싶다. 하지만 30초간의 쾌감이 지나고 찾아올 몇 백 배의 고통이 두려워 이러지도 저러지도 못한다. 그저 빨리 아침이 오길 기다리는 수밖에 없다.

　일찍 포트헤들랜드를 출발해 카리지니 국립공원(Karijini National Park)으로 가려던 오늘의 계획이 늦어졌다. 붉게 부은 자국에는 열까지 나 최악의 상태다. 한시가 급한데 일요일이라 병원 진료는 9시부터 시작된단다. 나 때문에 일행 전체가 한 시간 이상이나 주차장에서 기다려야 하는 상황이 가려움에 더해져 맘이 무겁다. 그런데 병원에 들렀다가 가자는 내 얘기에 1호차 멤버들이 흔쾌히 대답해주지 않는다. 섭섭한 마음에 벌컥 화를 내고 말았다. 잠을 거의 못 잔 데다 물린 자국이 악화되어 누가 봐도 볼썽사나운 상태인데, 함께 걱정해주지 않는 멤버들이 곱게 보이지 않았다. 평상시라면 화를 내지 않아도 되는 상황인데 몸이 괴롭다 보니 화를 낼 대상이 필요했는지도 모르겠다.

눈에도 보이지 않을 정도로 작은 벌레가 잠시 피를 빨다 내 몸에 뱉고 간 극미량의 물질 때문에 내 속에서 또 다른 인격이 튀어나왔다. 살을 찢는 고통도 아니고, 타는 아픔도 아닌 가려움 때문에……

지금의 가려움은 몸속에 누군가가 작은 진동자를 심어놓은 느낌이다. 손을 대거나 햇빛을 받으면 격렬히 진동수와 진폭이 커져 자극이 심해진다. 내가 할 수 있는 최대의 방어는 물린 주위를 소극적으로 긁는 것뿐, 할 수 있는 일이 아무것도 없다. 특히 지금처럼 온몸을 물려 몸 전체가 가려울 때는 온통 무방비 상태가 되며 우울해진다.

어쨌든 아침 9시가 넘어 의사에게 물린 자국을 보여주니 내 고통은 아랑곳 않고 무덤덤한 표정으로 처방전을 적어주며 걱정 말라고 한다. 미지는 원래 그런 놈이고 며칠 가렵다가 괜찮아질 거란다. 이 정도는 평범한 상태이며, 비키니 입고 물린 여성들 중에는 훨씬 더 심한 경우

도 있다고 위로하며 처방전을 주었다. 스테로이드계 알약 열흘치와 연고 하나, 진료비까지 총 AU$180이 들었지만 여행 전에 가입한 여행자 보험이 커버해줄 것이다. 보험료를 청구하려면 의사의 진단서와 영수증을 보관해야 한다. 출발 전에 처방해준 약을 먹고 연고를 발랐다.

1호차 멤버들이 내게 준 오늘의 배려는 운전 열외. 이동 중에 아무 것도 하지 말고 2층에서 편히 쉬라고 한다. 여행 중에 아픈 것은 참 괴로운 일이다. 아내가 생각나는 시간이다.

이런저런 생각으로 뒤척이다 잠이 들었는데 깨어보니 어느덧 카리지니 국립공원에 가까워지고 있다. 붉은 흙빛, 먼지, 도마뱀, 맹렬한 낮의 더위, 그리고 시원하고 쾌적한 저녁시간. 이것이 카리지니 국립공원에 대해 내가 가지고 있는 이미지이다. 우리는 이름만큼 흙먼지 풀풀 날리는 먼지나(Munjina)를 지나 카리지니 국립공원으로 향해 가는 중이다.

포테스큐 폭포가 선사한 행복

길 우측으로 선명한 가로줄의 지층을 품은 산들이 줄지어 있는 것을 보니 카리지니 국립공원에 가까워진 모양이다. 도로의 열기가 캠퍼밴을 달궈 2층은 견디기 힘들 정도로 덥다. 아직까지 컨디션은 좋지 않지만 내가 해야 할 일들이 있다. 우선 카리지니 국립공원의 방문객 센터(Karijini National Park Visitor Centre)에서 이 지역에 대한 정보를 얻고, 캠프 사이트 입장 티켓 구매 절차에 대해 알아봐야 한다. 방문객 센터에서 약 15분 정도 떨어진 데일스 협곡(Dales Gorge)에 주정부에서 운영하는 캠프 사이트가 있다. 입구에서 입장료를 지불한 후에 지정해준 사이트로 들어갔다. 주변에는 10여 명의 젊은 친구들이 장기 야영 준비를 하느라

붉은색의 카리지니 국립공원

카리지니의 붉은 색깔의 흙

부산하다.

　카리지니 국립공원은 웨스턴오스트레일리아에서 두 번째로 큰 국립
공원으로, 가장 인기 있는 곳 중 하나이다. 철 성분으로 이루어진 붉은
바위들이 물에 의해 깎여 계곡이 된 곳이며 대단히 독특한 모습을 자랑
한다. 붉은 흙과 붉은 개미집, 차량을 뒤덮은 먼지까지, 온통 붉은색 천
지다. 우리는 이 공원에서 이틀간 머물 예정인데 첫날은 동쪽 끝의 캠
핑장에서, 둘째 날은 서쪽 끝의 카리지니 에코 리트리트(Eco Retreat) 캠
핑장에서 머물 것이다.

　점심을 먹은 후 우리는 모두 수영복으로 갈아입고 데일스 협곡에 있
는 포테스큐 폭포(Fortescue Falls)로 갔다. 난이도 높은 길을 철제 계단으
로 연결해놓아 폭포로 내려가는 길은 크게 어렵지 않다. 폭포를 약 50m
남겨두고는 안쪽으로 움푹 들어간 계단 많은 야외 공연장 같은 모양이
형성되어 있는데, 이곳은 겹겹이 쌓여 있던 지층이 파여 생긴 것이다.

카리지니 국립공원 방문객 센터 내부(◀)와 외부(▲) 모습

그 밑으로 사막에서는 좀체 만나기 쉽지 않은 시원한 포테스큐 폭포 물 웅덩이가 있다. 이 물은 300m 떨어진 편 연못(Fern Pool)에서부터 흘러 오는 것으로, 사막의 지하 샘에서 시작하는 물이라 태양의 영향을 받지 않아 시원하다.

우리는 신을 벗어 던지고 물속에 뛰어들었다.

차가운 물에 들어가는 순간 이틀 동안이나 나를 괴롭히던 가려움이 순식간에 사라졌다. 기적이다. 단지 몸이 가렵지 않다는 것만으로 얼굴 에서 웃음이 쏟아진다. 어디에도 견줄 수 없을 만큼 행복하다. 차원이 다른 가려움을 알았고, 그 가려움 때문에 고통스러웠고, 그 고통이 잠 시 없어지자 단지 가렵지 않다는 것만으로 행복해진다. 생각해보니 살 면서 가렵지 않다는 것만으로 감사하고 행복한 적은 이번이 처음이다. 물 밖에 나가면 다시 가려워질 테지만 걱정 말자. 며칠 후면 가려움은 사라질 테고 그 후에는 미지 벌레가 준 가려움이 작은 선물이 되어 있

포테스큐 폭포 밑의 웅덩이

을 것이다. 가렵지 않은 것만으로 감사하고 행복해하는 사람, 그래서 손톱만큼이겠지만 나는 여행 전보다 한 뼘쯤 멋진 사람이 되어 있을 거니까.

저녁에는 이곳에서 멜버른을 떠나 12사도 바위 이후로는 처음으로 한국인 여행자를 만났다. 대전에서 온 청년인데 군을 제대하고 기독교 선교회를 통해 이곳에 왔다고 한다. 우리는 김치를 곁들여 이 청년과 함께 저녁식사를 하고 라면과 커피, 우리 팀 티셔츠 등을 선물로 전달했다.

오늘의 교훈: 가려울 땐 찬물이 최고다! 오늘 이동거리 : 336㎞, 총 이동거리 : 8,649㎞

협곡이 숨긴 비밀, 조프르 폭포

　잠이 보약인지, 약이 효과를 발휘한 건지는 모르겠지만 가려움증이 많이 가셨다.

　오늘의 일정은 카리지니 국립공원에서 80㎞ 서쪽에 있는 에코 리트리트 캠핑장까지 이동하는 것으로 끝이다. 내 몸의 벌레 물린 자국을 보고 우리 일행들 모두 위생에 한층 더 관심을 갖기 시작했다. 여섯 남자 모두 나름 깔끔을 떨어봤지만, 밥장을 제외하고는 정작 중요한 것들은 스스로 챙기지 못하며 사는 사람들이라 위생적으로 생활하는 흉내만 냈을 뿐이다.

　그래서 오늘은 오전 일찍 에코 리트리트에 도착하여 체크인을 하고 이불을 널었다. 사막의 강렬한 볕에 이불이며 베개를 바삭바삭해질 때까지 널어두면 그동안의 쿰쿰한 남자 냄새는 모두 증발할 것이다.

　여행을 하다 보면 이런 시간 자체가 휴식이다. 캠퍼밴의 차양막을 펼쳐 그늘을 확보하고 의자와 테이블을 그 아래 놓았다. 오후 4시까지는

밥도 알아서 먹는 등 개인 시간을 가졌다.

사막 최고의 사치, 찬물 샤워를 즐기다

에코 리트리트는 사막에 위치한 카리지니 국립공원의 특성에 맞는 깨끗한 시설이 되어 있다. 일종의 리조트 성격을 지닌 캠핑장으로서 섭씨 40도를 오르내리는 사막 한가운데서 시원한 맥주와 얼음이 든 음료수와 꽤 맛 좋은 음식을 조리해 판매하고, 노트북이나 배터리를 충전시킬 수 있는 콘센트를 제공하기도 한다. 수세식 화장실과 고가의 글램핑 시설(사막에 고급 텐트를 설치하고 숙박을 제공함)도 있으며 우리와 같은 캠퍼밴이 머물 수 있는 캠핑장도 마련되어 있다. 이렇게 좋은 시설로 운영될 수 있는 이유는 사막에서 찾기 어려운 두 가지 자원, 즉 바로 물과 전기가 있기 때문이다. 그래서 캠핑 비용이 1인당 AU$20로 꽤 비싼 편이지만 이해해야 한다. 물은 사막 가운데에 관정을 뚫어 길어 올리고, 전기는 발전기를 돌려 자체 생산하여 충당하고 있다. 그렇기 때문에 이곳의 물과 전기는 그 가치가 다르다.

카리지니 국립공원 입구

한편 캠핑장에서 머물지 않으면서 잠시 들러 샤워와 함께 물을 채우려면 1인당 AU$5를 내면 사용할 수 있으니, 이 어려운 환경에서는 괜찮은 가격이라 생각한다.

이곳에서 하는 찬물 샤워의 가치는 무엇과도 비교 불가다. 하루를 시작하면서 출근 전 하는 샤워도 기분 좋은 일이지만 며칠간 더위와 땀이 만든 끈적한 유막(油膜)에 덕지덕지 붙은 붉은 먼지들을 머리부터 씻어 내리는 샤워와 어떻게 비교할 수 있겠는가?

물을 아끼며 몸을 한 번 적신 후, 초벌 비누질을 시작한다. 머리에서부터 비누를 문지르기 시작해 겨드랑이, 사타구니를 거쳐 정성스레 온몸으로 거품을 덮어나가면 물을 맞을 준비가 끝난다. 냉수 손잡이를 잡고 잠시 심호

● 에코 리트리트 캠핑장의 리셉션 카운터
●● 에코 리트리트에는 에어컨디셔너는 없지만 사막 한가운데서 시원한 맥주를 마시는 호사를 누릴 수 있다.

흡, 이 정적이 사막 찬물 샤워의 정점이다. 힘차게 수도꼭지를 돌려 한 번에 최대한의 물이 쏟아지게 한다. 머리부터 쏟아지는 물이 붉은 먼지와 땟국물을 쓸어 흘러내린다. 두 번째 비누질은 처음과 같은 엄숙함은 아니어도 좋다. 그냥 흥얼거리며 가볍게 비누질을 한 후 차가운 온도를 즐기면 된다. 컨디션은 이미 좋아졌고, 순수한 여흥을 만끽하는 시간이다.

조프르 폭포에서 맛본 여행 최고의 순간

오후 늦은 시간, 저녁밥을 할 쌀을 불려두고 오늘의 하이라이트인 조프르 폭포(Joffre Falls)로 출발했다. 설사와 함께 미지에 물린 곳이 뒤늦게 부어올라 컨디션이 좋지 않은 총무를 제외하고 다섯 명이 나섰다. 리조

이번 여행에서 가장 신비하게 느껴진 장소, 조프르 폭포

트에서 겨우 500m 거리에 있는 곳이라, 가벼운 마음으로 걸어 폭포 쪽으
로 가는 길 아래로 내려갔다. 위쪽에서 쉽고 안전하게 폭포를 볼 수 있는
전망대도 있지만 그러기엔 여기까지 온 거리가 너무 아깝다.

　어제와 같은 철제 계단식 길을 기대했지만 트랙은 정비되어 있지 않았

깊은 협곡과 그 사이를 흐르는 물

다. 이곳은 웨스턴오스트레일리아 주 정부에서 만들어놓은 다섯 가지 난이도 등급 중 4번과 5번에 해당하는 곳으로서, 조심해서 가야 한다.

발밑에 'Class 4'라는 작은 화살표가 박혀 있는데 이 표식은 난이도가 꽤 된다는 뜻이다. 곧이어 'Class 5'라는 화살표가 나오자 밥장과 나를 제외하고는 더 이상 내려가지 않기로 했다. Class 5부터는 기어 내려가는 곳이다. 발을 딛는 바위가 미끄러워 아래쪽으로 보이는 사람들은 불과 두 명뿐이다. 위에서 내려다보이는 물이 투명해 바닥까지 비친다. 밥장이 먼저 내려가고 그 뒤를 내가 따라 내려갔다. 그런데 먼저 내려간 밥장이 이 무더위에도 곧장 물에 뛰어들지 않고 물 밖에서 멈칫하고 있다. 나도 가까이 다가가 발을 담가보고는 깜짝 놀랐다. 세상에나, 사막 한가운데 이렇게 차가운 물이 존재하다니!

Karijini 국립공원의
천연 pool
수면 밑으로 새파란 물빛이
아름다웠다

물은 시원함을 넘어 심장마비가 올 것만 같아 덜컥 겁이 날 지경이다. 먼저 와 있던 커플 역시 추운지 커다란 수건을 몸에 감고 있다. 그들은 우리에게 작은 협곡 사이의 조프르 폭포에 꼭 가보라고 한다. 그곳을 가려면 물속을 통해 거슬러 가거나 옆에 있는 1~2m 높이의 바위를 타고 넘어가야 하는데, 물이 너무 차가워서 우리는 바위를 타고 가는 쪽을 택했다.

V자로 열려 있는 좁은 협곡을 불과 50m나 걸었을까, 숨겨져 있는 사막의 비밀이 드러난다. 조프르 폭포를 보는 순간 자연에 대한 감탄과 경이로움에 일단 말문이 막힌다. 그다음 곧바로 터져 나오는 탄성!

건기라 쏟아져 내리는 물의 양이 많지 않지만 350도 주변을 감싼 암벽 가운데로 조용하게 타고 내려오는 조프르 폭포는 성스러움을 느낄 정도로 고요하다. 반듯하게 층층이 쌓여 있는 절벽은 누군가의 손으로 조각해내지 않고는 있을 수 없는 조형미를 보여준다.

폭포 아래의 못, 그 고요한 수면 속으로 조용히 걸어 들어가본다. 가려움 따위는 먼지보다 가벼워지고 차가움조차 느끼지 못한다. 내가 이곳에 있어도 되는가 하는 경외심, 이번 여행에서 맛보는 최고의 순간이다.

오늘 이동거리 : 90㎞, 총 이동거리 : 8,739㎞

※ 웨스턴오스트레일리아주 정부는 여행지의 트랙을 난이도에 따라 다음과 같이 다섯 등급으로 나누고 있다.

등급 1 (Class 1)

누구나 걸을 수 있는 평탄한 길. 휠체어도 이용 가능하다.

등급 2 (Class 2)

트랙 상태는 깨끗이 정비되어 있으며 완만한 경사에 가끔 계단이 놓여 있다.

등급 3 (Class 3)

트랙 상태가 불규칙하고 부스러진 바위나 돌이 발에 차인다. 짧은 구간이지만 경사가 꽤 가파른 구간이 있다.

등급 4 (Class 4)

중급 이상의 난이도로 트랙 표면이 복잡하게 되어 있다. 부분적으로 심한 경사가 있고 얕은 물길이나 바위 같은 천연적인 장애물들을 넘어야 한다. 보통 이상의 신체조건이 필요하다.

등급 5 (Class 5)

고급 레벨의 신체조건이 필요하며 민첩성, 유연성이 필요하다. 대부분 경사가 급해 기어 올라가거나 내려가야 하고 큰 바위, 수영을 해서 건너야 하는 물, 미끄러운 표면, 젖은 바위 등을 넘어야 하는, 난이도가 높은 곳이다.

영국에서 1788년부터 1868년까지
800척의 배에 죄수들을 실어서 164000명을 호주 땅에 내려 놨다.

한국에서 출발 (8시간25분) 한때는

미국은 히치콕의 "새"

호주는 히치콕의 "파리"

호주파리는 바로다.
잡기 어렵다.

염치가 없이 적극적이다.
얼굴에 막 들러붙는다.

〈 호주 파리 〉
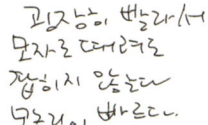

괴장히 빨라서
모자로 때려려고
잡히지 않는다
몸놀림이 빠르다.

혹 모자에 세게
맞았다고 해도
죽지 않는다
맷집이 세다
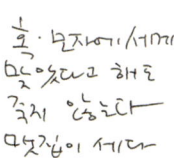

어쩌다 손으로 잡아서
바닥에 패대기치려도
시체가 보이지 않는다

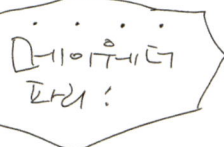
메이데이
파리 !

WESTERN AUSTRALIA (2)
웨스턴오스트레일리아

톰 프라이스

코랄 베이

카나번

하멜린 풀

멍키 미아

칼바리 국립공원

제럴턴

핀다

남붕 국립공원

피너클스 사막

퍼스

다윈
리치필드 국립공원
카카두 국립공원
마타랑카
브룸
푸눌룰루 국립공원
포트헤들랜드
NORTHERN
TERRITORY
카리지니 국립공원
WESTERN
AUSTRALIA
킹스캐니언
앨리스스프링스
멍키 미아
카나번
울룰루
카타추타
QUEENSLAND
칼바리
쿠버페디
SOUTH
AUSTRALIA
퍼스
NEW SOUTH
WALES
애들레이드
시드니
VICTORIA
멜버른
토키 베이
TASMANIA

인간이 만든 장관, 톰 프라이스

"차에 기름 가득 채워주세요."
"네, 손님 감사합니다. 연료비 6,800달러 나왔······."

2인승 하이브리드
16기통에 2,500마력
가격 450만 달러

엔진으로 보나 가격으로 보나 슈퍼카 중에서도 슈퍼카. 하지만 다음
옵션을 보면 고개가 갸우뚱해진다.

최고 시속은 겨우 64㎞, 연료통 4,500리터
적재 함량 240톤, 타이어 네 개의 무게 총 20톤

　세상에 이런 차가 있을까 싶겠지만 이 차는 바로 광산용 초대형 트럭이다. 반짝이는 이탈리안 레드 대신 시뻘건 철광석 먼지를 뒤집어쓰고 굉음을 내며 달리는 이 녀석들은 철저하게 한 가지 목적만을 위해 만들어진 차량이다. 바로 '무거운 것을 한 번에 최대한 많이 싣고 옮기기'. 아름다움과는 거리가 먼 기계적 디자인 역시 또 다른 멋이다. 이 차를 보고 싶다면 호주 서부의 광산 도시인 톰 프라이스(Tom Price)로 오라.

　톰 프라이스는 사람 이름이자 도시 이름이다. 미국 철광 회사의 부사장이며 광물학자였던 토마스 무어 프라이스(Thomas Moore Price)는 이곳의 광산 가능성을 찾아내 발표하고 나서 불과 두 시간 후에 책상에 앉아 생을 마감했다고 한다. 그 뒤 이 지역은 그의 조사를 토대로 발전하기 시작했고, 1960년대 중반에는 마을 이름을 톰 프라이스라고 부르게 되었다. 본격적인 광산 개발이 이루어지자 광산 종사자들에 의해 도시가 만들어

광산 투어 전 방문객 센터의 직원과 함께

졌다. 비록 인구 2,500명을 조금 넘는 소도시지만 호주에서 대도시를 제외하고는 가장 부유한 마을 중 한 곳이다. 고도가 747m로 웨스턴오스트레일리아에서 가장 높은 곳에 위치한 마을이기도 하다.

톰 프라이스의 철광석은 품질이 좋기로 유명하다. 평균 66% 이상의 철을 함유하여 세계 최고의 품질을 자랑한다.

노천 광산 투어에 참가하다

어제 예약한 광산 투어에 참가하기 위해 우리는 톰 프라이스 방문객 센터에 9시 30분까지 가야 한다. 카리지니 국립공원에서 아침 일찍 출발한 덕에 톰 프라이스에 일찍 도착했다. 마을 중심가 곳곳에 푸른 나무와 현대적 조형물들이 어우러진 모습이 광산 마을이라고 생각하기 어려울 정도로 깨끗하고, 여느 교육 도시와 같은 느낌이 든다. 시내는 아주 작지만 다양한 스포츠를 즐길 수 있도록 마을 주변에 각종 스포츠 시설들이 준비되어 있다.

우리는 근처 카페에서 아침을 간단히 먹고 방문객 센터 앞에 집결했다. 오늘 투어에 함께할 인원은 30명 남짓. 안전을 위해 산업용 헬멧과 안전 고글을 지급받고 투어용 버스를 탄다.

우리가 가는 곳은 마운트 톰 프라이스 노천 광산(Mount Tom Price Mine)이다. 광산 입구로 들어서자마자 거대한 정비창이 있다. 정비창에는 앞서 말한 초대형 트럭 몇 대가 정비를 위해 서 있었다. 그 옆으로 자재를

● 톰 프라이스 광산. 실제로 보면 규모가 어마어마하다.
●● 원석을 작게 깬 후에 컨베이어를 통해 저장고로 보내는 곳
●●● 각종 장비에 대한 안내판도 설치되어 있다.

메마른 광산 내에는 먼지가 많아 살수차가 정기적으로 물을 뿌린다.

전달하러 온 로드 트레인이 소형차처럼 느껴질 정도로 엄청난 크기이다. 초대형 트럭 36대가 다니는 도로는 일반 차들이 들어갈 수 없도록 특별 관리되고 있다. 단순하게 유턴을 하려고 해도 30m 이상의 도로 폭이 필요하기 때문에, 모든 규모가 일반 도로와는 완전히 달라야 한다.

투어 버스는 좀 더 안으로 들어가 노천 광산 옆 평지에 이르러 우리를 내려준다. 내릴 때는 탑승 전에 받은 안전모와 안전 고글을 필히 착용해야 한다.

밖에서부터 철광석을 파 들어간 노천 광산은 거대한 산 몇 개가 들어가고도 남을 만한 구덩이를 만들어놓았다. 점점 아래로 굴착하면서 생긴 거대한 구덩이의 벽으로 나선형 길을 만들어 철광석을 퍼 올리고 있었다. 굴착하며 나는 먼지 때문에 옆에서는 살수차가 끊임없이 도로에 물을 뿌려댄다. 평지 옆에는 1994년부터 2010년까지 하루 8,000리터의 연료를 소모하며 평균 열두 시간이 넘도록 중노동을 하다 퇴역한(총 운행시간 72,555시간) 480톤의 초대형 굴착기(Excavator)들이 서 있다. 광산에 연결된 철도는 며칠 전 지나온 포트헤들랜드로 철광석을 실어 나르기 위해 설치된 것이다. 인간이 만든 초대형 기계들과 붉은 먼지가 덮인 철광석 광산이 호주의 거대한 자연과 은근히 조화를 이루며 묘한 매력을 뿜어내고 있다. 약 한 시간 반 정도가 소요되는 투어 시간도 적당했다.

투어를 마친 용권 작가는 휴대폰을 분실하여 얼굴이 하애졌다. 다행히 투어 회사 직원이 용권 작가가 앉았던 투어 버스 좌석 옆에서 어렵사리 찾아내주어 한바탕 일었던 소동이 진정되었다.

저녁에 도착한 나누타라(Nanutarra)에서는 전기를 연결할 수 있는 파워 사이트를 신청했는데 무슨 이유에서인지 전원이 들어오지 않는다. 오늘 충전할 것들이 많은데……. 오늘 이동거리 : 474㎞, 총 이동거리 : 9,213㎞

인도양의 산호 마을 코랄 베이

코랄 베이(Coral Bay)로 가는 길은 지금까지 지나온 호주 사막과는 또 다른 풍경이다. 내내 무채색에 가까운 갈색 풀들, 도로와 하늘, 사이사이로 점점이 찍힌 노란색 흰개미 탑이 전부다. 극도로 단조로운 구성의 아름다움. 이 단순한 색의 대비를 즐기며 운전하는 것도 나름 괜찮다. 하지만 이내 이것들은 형형색색의 보석을 잠시 가리고 있는 덮개라는 것을 알게 된다.

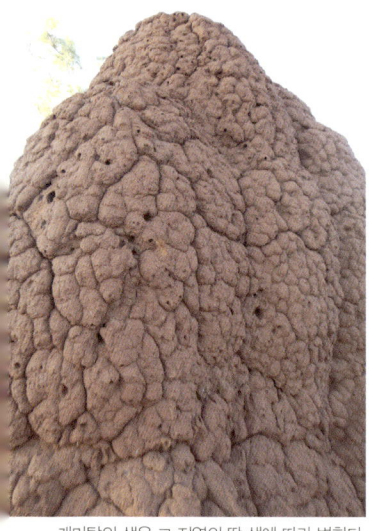

개미탑의 색은 그 지역의 땅 색에 따라 변한다.

12시 30분에 도착한 코랄 베이는 인산인해였다. 인구 250명에 불과한 이 작은 마을에 사람들이 끝없이 모여들었다. 바다 쪽의 캐러밴 파크는 이미 꽉 차 있어 조금 떨어진 베이뷰 코랄 베이 캐러밴 파크(Bayview Coral Bay Caravan Park)로 가야만 했다. 하지만 이곳 역시 바다와는 불과 50m 거리라 큰 불

만은 없다.

리셉션에서 체크인을 하는데 안내자가 우리에게 오늘 스노클링 투어를 하지 않겠느냐고 묻는다. 언제 가능하냐고 했더니 1시 30분이라고 한다. 불과 한 시간도 남지 않은 상황. 하지만 이 시간을 놓치면 내일 아침을 기약할 수밖에 없다. 장비와 배 삯을 합쳐서 AU$57. 이 정도면 호주에서 할 수 있는 다른 액티비티들에 비해 가성비 최고이다. 스노클 마스크와 발 사이즈에 맞게 오리발도 대여받았다.

서두를 때면 왠지 불안하다. 준비물을 천천히 챙겨도 뭔가를 빼먹는 성격인데 이렇게 쫓길 때는 말할 것도 없다. 찬밥에 양념 김 가루를 뿌려 주먹밥을 만들어 허겁지겁 먹고, 바나나를 한 개씩 입에 문다. 수영복으로 갈아입고 수건, 생수 두 병을 작은 가방에 넣었는데도 여전히 불안하다. 불안함을 없애는 방법은 딱 하나, 꼼꼼한 밥장에게 확인받는 것. 그리고 나자 비로소 평화가 찾아왔다.

코랄 베이의 아름다운 바다

　준비를 마친 우리는 배를 타기 위해 해변에 도착했다. 모래톱에는 배를 타려는 사람들과 많은 새들과 물고기가 가득했다. 이 안에서는 낚시도 금지되어 있어, 무릎까지 오는 얕은 물에도 허벅지만 한 고기들이 떼를 지어 다닌다. 젊은 선장이 모래사장 위에 배를 대고 선수부를 열어 계단을 만들면 탑승 준비는 끝난다.

　배에 오르자 바닥이 유리로 되어 있어 배 밑이 훤히 보인다. 편안히 앉은 채로 바닷속의 풍경을 관찰할 수 있다. 모래 사이로 띄엄띄엄 산호들이 보이고 그 주위를 물고기들이 돌아다닌다. 배가 바다 쪽으로 나갈수록 바닥이 산호로 덮여 모래가 거의 보이지 않게 된다. 육지에서 멀어질수록 훨씬 더 건강하고 다양한 산호를 볼 수 있다.

　드디어 스노클링 포인트에 도착하자 배는 닻을 내리고 사람들도 저마다 입수 준비를 한다.

● 스노클링 투어를 위해 탄 배의 내부 모습
● ● 배 바닥이 유리로 되어 있어 각종 고기들과 산호를 관찰할 수 있다.

코발트블루의 바다에서 스노클링을

아, 바다의 색이 이렇게 아름다울 수 있을까? 순결한 코발트블루 빛이 눈부시다. 마치 물속에서 파란색 광원이 뿜어 나오는 것 같은 착각이 든다.

물안경 안쪽에 김 서림 방지용 비눗물을 바르고 스노클을 입에 문다.

"유영 준비 끝!"

"풍덩~."

물속에 들어가는 순간 나는 중력으로부터 완전히 해방된다. 용기만 있으면 저 밑의 심연까지 내려가 날아다닐 수도 있다. 공기를 통해 전달되던 수많은 소리와도 완전히 단절된다. 무중력 상태에서 살갗으로 느껴지는 차가움과 이 고요함. 산호 가지마다 박혀 있는 푸른 별들과 수많은 물고기들. 나는 우주 한가운데에 있다.

새로운 이 세계에서는 완전히 하등해 보이는 외계 생명체인 내 모습에

● 산호가 가득한 물속은 새로운 우주다.
●● 바닷속에서 만난 수많은 물고기들
●●● 산호들의 복잡한 구조는 작은 물고기들에게 은신처를 제공한다.
●●●● 다양한 산호를 볼 수 있다.

2천 년이 넘었다는 커다란 산호

물고기들은 별 위협을 느끼지 않고 다가온다. 바닥을 덮고 있는 거대한 산호 사이로 높은 채도의 노란색, 검은색, 파란색, 오렌지색, 빨간색 물고기들이 빼꼼히 나를 쳐다보고 있다. 커다란 물고기들은 호기심을 참지 못하고 내 근처에까지 다가와서 맴돌기도 한다.

나 같은 평범한 생명체에게도 유영을 허락하는 이 바다는 마치 '노블레스 오블리주'를 몸소 실천하는 아름다운 우주 왕비 같다. 그래서 나는 방울로 사라질 날숨을 조금 아껴 좋아하는 노래 〈How Great Thou Art〉를 콧노래로 흥얼거리며 찬양한다. 물에 들어온 지 한 시간이 조금 넘었을까, 선장이 부르는 소리가 들린다. 배 후미의 계단을 통해 올라오는데 천상을 떠나는 느낌에 몸이 천 근은 되는 것 같다. 쌀쌀한 바닷바람에 소름이 돋는다.

〈 2천 원짜리 산호 〉

대장이 얻어온 생선으로 마련한 회 한 접시

캠퍼밴으로 돌아오는 길, 몇몇 낚시 투어 가이드들이 배에서 잡은 물고기들을 손질하고 있다. 영만 형님이 70~80㎝는 족히 되어 보이는 생선을 보고 이성을 잃었다. 나에게 생선을 살 수 없겠냐고 물어보란다. 고기 주인의 짧고 단호한 대답. 'Sorry!'

● 오늘은 내가 책임진다! 직접 얻어온 생선을 손질하는 허영만 화백
● 흰색 살은 고소하면서도 쫄깃하다. 부족해서 더욱 값졌던 회

호주에서 개인이 잡은 생선은 매매가 불가능하기 때문이다. 헌데 캐러밴 파크로 돌아온 영만 형님이 비닐 봉투 하나를 가지고 재협상을 하러 갔다.

결과는…… 비닐 봉투에 말랑하고 하얀 생선살이 담겨 있었다. 그것도 공짜란다.

영만 형님의 영어는 어법에 맞지 않았지만 짧고 정확했다.

"I did escape from home 40days earlier."

"So I really want eat SASHIMI."

"Sale or present anycase OK. Can you help me?"

냉장고에서 한 시간 반가량 숙성 보관 후 직접 회까지 떠준 영만 형님. 오랜만에 대장의 위용을 보여주었다. 그동안 현지인과의 협상을 도맡았던 내 위치가 완전히 흔들린 하루였다.

오늘 이동거리 : 253㎞, 총 이동거리 : 9,466㎞

엉뚱하고 흥미로운 마을 카나번

여러 사람이 함께 하는 여행의 아쉬움은 '내 맘대로' 할 수 없다는 점이다. 내 마음 같아서는 더 있고 싶은데 코랄 베이를 떠나야 한다는 것이 무척이나 아쉽다. 이 자연의 영화로움을 다시 맛보려면 언제가 될지……

다행히 이런 아쉬움에 위로가 될 코랄 베이의 단점을 하나 찾았다. 이번 여행 중 최악의 수질을 경험했기 때문이다. 이를 닦기 위해 물을 입에 넣었는데 이런, 물에서 덜 삶아진 콩나물 맛에 짭짤한 밑간이 느껴진다. 딱 미적지근한 물만큼의 소금 맛이다. 비누질을 해도 거품이 나지 않고 샤워 후에도 팔에 하얀 각질이 일어나더니, 샤워가 끝나도 개운하지 않고 찝찝한 느낌이다.

사막 지역의 캐러밴 파크에는 다른 곳에서는 볼 수 없는 두 종류의 수도꼭지가 있다. 아무 표시도 없는 비식수용 수도꼭지와 '마실 수 있음'이라는 표시가 있는 식수용 수도꼭지로 나뉘어 있는 것이다. 식수용 수도에서 나오는 물은 많은 비용과 에너지를 들여 염분을 뺀 과정(Desalination)을 거

각종 괴일을 구입할 수 있는 모텔 농장

친 물이다. 예전에는 물을 끓여 증류 방법으로 생산했으나 요즘은 역삼투압(Reverse Osmosis Desalination Process) 방식을 사용해 에너지 사용량이 많이 줄었지만 여전히 매우 비싸다.

식수용 수도에 '식수 이외의 목적으로 사용하면 벌금 50달러(Any other use will be incur a AU$50 penalty)'라는 경고문이 붙었을 정도이니 물 사정을 알 만하다. 캠퍼밴에 식수용 물을 채우려면 오피스에 현금을 맡기고 특별한 수도꼭지 핸들을 받아야 한다. 물을 채우고 나서 사용량에 따라 현금을 지불하면 된다. 금액은 1리터당 10센트(90원)로 서울의 물 값에 비교하면 약 2만 배 이상 비싼 셈이다(서울의 경우 수돗물 1,000리터당 약 45센트).

하지만 물은 비싸다고 해서 구매 여부를 선택할 수 있는 아이템이 아니잖은가? 캠퍼밴 두 대에 60리터 정도의 물을 채우고, 마음에도 안심을 채우고 다시 출발한다.

카나번에서의 만찬, 우주 새우 정식

여행이 계속될수록 피곤은 조금씩 쌓여간다. 새벽형 인간들과 같이 여행하다 보면 나 같은 올빼미형은 나름 컨디션을 조절한다고 해도 적응이 쉽지 않다.

카나번(Carnarvon)에 도착했다. 외곽의 모든 인구까지 합쳐봐야 9,000여 명인 작은 마을인데 인구에 비해 흥미로운 것들이 아주 많다. 우선 카나번은 각종 과일과 농산물이 풍족한 마을이다. 특히 이곳에서 생산되는 바나나는 전 세계 어느 지역에서 생산되는 것보다 당도가 높기로 유명하다. 우리는 모렐 농장(Morel's Orchard)에서 약간의 과일과 함께 바나나를 얼린 아이스크림을 먹었다. 지금은 과일이 많이 나오는 시기가 아니라서 종류가 많지 않지만, 깨끗하게 손질된 과일들을 보면 얼마나 정성스럽게 재배했는지 알 수 있다.

카나번은 해산물도 풍부한 마을이다. 각종 새우와 가리비, 생선, 게, 오징어 등 먹을 것이 가득하다. 호주 서해안의 새우는 신선하고 깨끗하기로 유명한데, 신선한 새우를 싸게 먹을 수 있는 몇 가지 방법이 있다. 먼

이 근방에서 잡힌 새우를 크랩 색에서 구매할 수 있다.

저 새우를 사려면 꼭 껍질이 있는 놈을 사는 것이 좋다. 호주는 인건비가 세계에서 가장 비싼 나라 중 하나다. 그러므로 껍질을 깐 새우는 생각보다 비싸다. 새우를 고를 때는 살이 투명하고 신선한 냄새가 나는 것을 골라야 한다. 크기에 따라 맛이 완전히 다른데 0.5kg

에 22~27개 정도가 담기는 크기가 제일 맛있는 크기라는 점을 유념하자. 가격은 보통 1kg당 AU$20 이하인 경우가 대부분이다. 우리는 하버 근처에 있는 크랩 색(Crab Shack)에서 저녁식사를 위해 AU$40에 웨스턴 왕새우(Western King Prawn) 2kg을 구매했다.

그 밖에도 다소 생뚱맞지만 카나번에는 커다란 레이다가 있다.

1960년대에 미국 나사(NASA)에서 이곳에 '아폴로 프로젝트'의 일환으로 레이다 기지를 세웠다고 한다. 이 레이다로 아폴로 호의 위치를 더 정확하게 추적할 수 있었다는데, 덩그러니 놓여 있는 커다란 레이다의 모습을 보면 다소 뜬금없다는 느낌이 든다. 도무지 주변 환경과 어울리지 않는 곳인데 지금은 우주과학박물관(Carnarvon Space and Technology Museum)으로 운영되고 있다. 내부에는 아폴로 발사 후 몇 분간을 재현한 시뮬레이터와 각종 장비 등을 전시하고 있다.

● 카나번의 거대한 레이다
●● 박물관 내부 모습

　우리는 이곳을 둘러본 뒤 나사 우주비행사가 먹는 동결건조 아이스크림 샌드위치를 구매했다.

　내일을 위해 최대한 멍키 미아(Monkey Mia) 쪽으로 가기로 하고 해가 지기까지 달려 도착한 곳은 오버랜더 로드하우스(Overlander Roadhouse). 1번 도로에서 멍키 미아 방향으로 이어진 샤크 베이 로드 분기점 지점에 있는 작은 로드하우스이다. 캠퍼밴을 연결할 수 있는 사이트가 불과 다섯 개뿐인 작은 곳인데 그나마 우리 이외에는 아무도 없다.

　이곳에서 오늘 저녁 만찬을 준비한다. 오늘 낮에 우리가 카나번에서 구매한 재료들은 오직 이 한 가지 메뉴를 위한 것이었다. 짜잔~! 네 가지 코스로 준비된 카나번 우주 새우 정식!

●●● 박물관에서는 나사 인증 우주 식품들도 판매하고 있다.

1. 카나번 새우찜

2. 카나번 새우 소금구이(결국 대여섯 마리가 남음)

3. 카나번에서 자란 파파야

4. 미국 나사의 우주인 아이스크림 샌드위치

역시 새우의 신선도는 최상이었다. 대가리까지 모두 먹었는데, 특히 소금구이로 바삭하게 구운 새우 대가리는 맥주와 최고의 궁합이었다.

[저녁 만찬 총 금액]

새우 AU$40, 파파야 AU$8, 아이스크림 샌드위치 AU$20

총액 : AU$68 (1인당 AU$11.3)

오늘 이동거리 : 449㎞, 총 이동거리 : 9,915㎞

하멜린 풀에서 만난 원시 생명체,
스트로마톨라이트

드디어 날씨에 변화가 생겼다. 지난 밤, 거의 한 달 만에 비가 왔다. 빗소리와 함께 코끝에 다가오는 흙냄새. 참 오랜만에 느껴보는 다른 아침이다.

영만 형님의 해박한 지식에서 나오는 야한 농담으로 아침에 다들 한바탕 웃었다. 이번에는 다른 종류의 해박한 지식을 얻으러 매우 학술적이고 건전한 장소로 오늘의 여행을 시작한다.

하늘의 단조롭던 풍경에도 변화가 생겨 운전이 한결 재미있다. 운전을 하면서 보이는 구름 모양과 닮은 이미지들을 떠올려본다.

목적지인 하멜린 풀(Hamelin Pool)에 거의 다 왔다.

샤크 베이 로드를 따라 데넘(Denham)

하멜린 풀 지역의 오래된 전신국 건물은
현재 여행자용 숙소로 이용되고 있다.

쪽으로 들어가는 길 오른쪽으로 커다란 이정표가 하나 있다. '하멜린 풀'이라고 적혀 있는 주차장에 차를 멈춘다. 주차장을 빠져나와 바닷가 쪽으로 가면 철 구조물을 이용해 물속을 훤히 관찰할 수 있는 길을 바다 위로 꽤 길게 만들어놓았다. 푸른 물로 뛰어들고 싶다고 해도 참아야 한다. 당연히 수영이 금지된 곳이다.

　한편 이곳에는 전 세계적으로 알려진 아주 특별한 것이 있다. 스트로마톨라이트(Stromatolite)라는 원시 생명체가 바로 그것이다. 스트로마톨라이트는 수백만 년, 수천만 년도 아닌 무려 30억 년 전부터 지구에 살던 생명체로, 아직도 현존하는 몇몇 화석 생물들이 있지만 그 어떤 생명체와도 비교 자체가 어렵다. 지구 역사의 4분의 3에 달하는 기간 동안 존재했던 이 생명체는 지구에서 산소를 만들었다고 추정되는 최초의 생명체로서 지금도 이곳에 버젓이 '살아' 있다. 따라서 이곳은 아마도 지구 역사를 다루는

다른 곳에서는 보기 어려운 스트로마톨라이트가 해변을 뒤덮고 있다.

사람들이나 생물학자들이라면 환호성을 지를 만한 성지일 것이다.

화려한 이력에 비해 스트로마톨라이트의 모습은 단순하기 그지없다. 그 냥 검고 둥근 바위처럼 평범하게 생겼으며, 심지어 과묵하게 물속에 잠겨 있다. 표면이 약간 끈적한 점액질로 덮여 있다는 점을 제외하고는 생명체 같다는 느낌을 거의 주지 않는다. 현재는 물속에 잠겨 광합성이나 하면서 평화롭게 지내는 것처럼 보이지만, 오랫동안 엄청난 시련을 수없이 겪어온 존재이다. 실직, 자녀 교육, 주택 부금과 같은 우리네 시련들과는 차원이 다른 우주적인 규모의 재난들이었다. 지구를 꽁꽁 얼려버린 몇 차례의 빙 하기, 커다란 운석과 함께 온 대멸종, 화산 폭발과 지각변동 같은 난리법석 도 수차례 겪어야 했다. 이런 대재난을 어떻게 이겨낼 수 있었을까? 간단 하다. 태생 이후 한 번도 변하지 않은 그의 생존방법은 '단순함'이었다. 이

방법으로 그는 30억 년을 버텨왔고, 앞으로도 너끈히 살아갈 것이다.

스트로마톨라이트는 광합성을 통해 산소를 만드는 시아노박테리아(Cynobacteria)의 막이 계속 쌓여 생긴 덩어리이다. 세포학적으로 볼 때 이것은 원핵생물(Prokaryote)에 해당한다. 우리 주변에서 쉽게 눈에 띄는 모든 동식물은 모두 진핵생물(Eukaryota)이다. 하지만 원시 박테리아의 한 종류이며 핵이 없는 시아노박테리아는 광합성 작용을 하는 지구 최초의 독립영양 생명체로서 외부로부터 특별한 영양 공급 없이 생존이 가능하고, 광합성을 하기 때문에 산소를 발생시킨다. 그런데 이렇게 단순한 생명체가 지구의 다른 곳에서 흔하게 발견되지 않은 이유는 아주 특별한 환경이 필요하기 때문이다.

조개 벽돌을 만들기 위해 미리 재단을 해놓은 모습

조개 채석장 표지판.
지금은 채취가 금지되어 있다.

강한 염도가 만들어낸 원시 환경

하멜린 풀은 샤크 베이 남쪽에 있는 바다를 감싸고 있는 만 내부의 아주 넓은 장소(1,270㎢)이다. 바다라고 하지만 하멜린 풀의 주변은 지형이 높게 형성되어 있어 육지로부터 민물 유입이 거의 없고, 바닷물의 새로운 유입도 극도로 적어 호수처럼 물이 갇히게 된 것이다. 여기에 건조하고 뜨거운 바람에 의해 지속적으로 물이 증발해 일반 바닷물보다 훨씬 짠 '수퍼 솔티(Super Salty)' 상태가 되었다. 최소 두 배 이상의 높은 염도를 가지게 된 이런 특수한 환경이 30억 년 전의 원시 지구와 비슷하다고 한다. 이처럼 강한 염도가 물고기의 서식을 막아 스트로마톨라이트를 뜯어먹는 포식자 없는 안전한 서식지를 만들어준 셈이다.

스트로마톨라이트 서식지 옆으로는 오래된 하멜린 전신국 건물을 돌아 주차장으로 되돌아오는 바닷길 트랙이 있다. 하멜린 전신국은 조개의 석회질이 응고되어 한 덩어리로 뭉친 조개더미를 마치 얼음 벽돌처럼 자른 조개 벽돌로 쌓아 올린 노란색 건물로, 무척이나 독특하다. 해변에는 이 건물을 지을 때 썼던 조개더미를 캐낸 채석장이 그대로 남아 있다.

샤크 베이의 아름다운 셸 비치(Shell Beach)와 이글 블러프 전망대(Eagle Bluff Lookout)는 바람이 많이 불어 내일 1번 도로로 다시 돌아갈 때 들르기로 했다. 데넘은 이번 여행의 베스트 3 중 하나로 꼽히는 멍키 미아로 가는 마지막 마을이다. 멍키 미아 캐러밴 파크는 미리 예약이 되지 않는 곳이라 헛걸음을 하기 싫어 네넘의 방문객 센터에서 전화로 확인해 봤더니 두어 자리의 캠퍼밴용 파워 사이트가 남아 있다고 한다.

멍키 미아 입구에서 국립공원 입장료로 1인당 AU$12를 냈다. 그런데 캐러밴 파크에 도착했을 때는 이미 파워 사이트 자리가 다른 사람들로 차 있었다. 샤워장이나 화장실 등은 사용할 수 있지만, 전혀 우리만의 공간이 보장되지 못하는 주차장 비슷한 자리에 차량을 대고 AU$12를 내야 했으니 그 점이 아쉽다. 내일 아침 만날 돌고래들에게 위로받으면 되겠지.

오늘의 교훈 : 짜게 먹어도 괜찮은 생물도 많다.

오늘 이동거리 : 167㎞, 총 이동거리 : 10,082㎞

멍키 미아에서 바람맞다

    이른 새벽부터 여섯 명의 늙수구레한 시골 총각들이 설렘에 부산을 떤다. 단체로 미팅을 하는 날이기 때문이다. 상대방은 멍키 미아 제일의 미녀들. 까만 얼굴에 군데군데 벌레 물린 자국까지 아랑곳 않고 아침 7시 45분, 씩씩하게 바닷가 약속장소로 나갔는데…… 한 시간 반을 기다려도 오지 않는다. 멍키 미아의 신선한 공기만 가득 들이마시고, 결국 바람 맞았다.

    서호주 최초로 유네스코 세계자연유산으로 지정된 샤크 베이를 감싸고 있는 반도의 동쪽 끝에 위치한 멍키 미아. 이 묘한 이름은 영어 'Monkey'와 원주민 언어 'Mia'가 합쳐져 만들어진 이름이다. '멍키'는 이 지역에서 진주를 캐기 위해 왔던 배 이름이고, '미아'는 원주민 언어로 '안전한 곳'이라는 뜻이다.

    이곳이 특별해진 것은 거의 매일 멋진 병코 돌고래(Bottlenose Dolphin)

멍키 미아의 아름다운 일출

들이 찾아오기 때문이다. 이 돌고래는 자연계에서 몸무게 대비 뇌의 비율이 인간 다음으로 높다고 알려져 있다(세 번째로 높은 침팬지와는 꽤 차이가 난다고). 1960년대에 이 지역 어부의 아내가 돌고래에게 생선을 주기 시작한 이후 50년이 넘도록 돌고래는 사람과 관계를 쌓아가고 있단다.

우리는 이 돌고래를 만나려고 꼬박 하루를 투자해 왕복 300㎞ 이상을 운전하여 공원 입장료로 AU$72, 캐러밴 파크 주차장 이용료로 AU$120를 투자했다. 우리 몰골은 좀 그렇지만 이만하면 얼굴 정도는 볼 자격이 되지 않을까? 무릎 높이에서 찰랑대는 바닷물을 튀기며 대여섯 마리의 돌고래와 뒹구는 상상은 좀 과한 욕심이었을까? 딴에는 노력할 만큼 했다고 생각했고, 돌고래와 만날 확률이 99%라고 생각했는데, 우리에게 돌아온 것은 남은 1%였다.

돌고래를 기다리는 사람들. 그러나 이날은 오지 않아
대신 등장한 거북이가 주연 대우를 받았다.

우리말에는 이런 상태를 명쾌하게 설명해주
는 말이 있다.

'꽝'!

어릴 적 뽑기 놀이를 하다가 '꽝'이 나오면 주인아저씨가 쥐어주던,
아쉬움을 잠재우는 눈깔사탕처럼 멍키 미아는 야박하게도 바람맞은 우
리에게 거북이 한 마리만을 보내주었다. 꽝으로 받은 선물치고는 너무
무심한, 세상 귀찮은 듯 느린 거북이 한 마리.

이쯤 되니 돌고래 먹이를 준비해온 자연보호국 직원의 말이 많아졌
다. 여행자들의 환호성으로 가득 차 있어야 할 텐데 어색해진 분위기를
메우기 위해서일 것이다.

"야생 돌고래가 오고 안 오고는 그들의 선택입니다."

이 말이 내겐 "오늘은 안 올 것이다"라는 말로 들린다.

많은 사람들이 실망하고 있지만, 푸념을 늘어놓을 대상조차 없다. 어쩌겠는가. 노력과 비용은 이미 지불되었고, 야생 돌고래들이 온다는 약속을 한 적도 없으니 누구에게 책임지라고 할 수도 없는 상황이다. 뭔가 눈 뜨고 코 베인 느낌이다. 하하하~.

돌이켜 생각해보면 우리네 인생살이가 대개 그렇잖은가?

100% 확실하다고 생각했고, 그래서 때 빼고 광내면서 설레고 행복했으며, 기대감에 부풀어 이른 아침 7시 45분에 맞춰 쏜살같이 달려간 것까지는 계획대로였다. 하지만 돌고래들은 오지 않았다. 그뿐이다.

무방비로 미지에게 물렸던 사건처럼, 악어 때문에 출입이 금지되었던 온천처럼, 결국 돌고래는 오지 않았다. 하지만 미지 사건으로 인해 가렵지 않은 것 하나로도 행복할 수 있음을 배웠고, 온천은 그 옆의 다른 온천을 찾아 실컷 즐겼다. 그러므로 이 공백 역시 다른 것으로 충분

Monkey Mia (몽키미아)
Dolphin Experience. 실패

히 채워질 것이다. 따라서 내 마음에 남아야 하는 것은 돌고래를 보지 못한 것에 대한 불만이 아니라 채워질 사건에 대한 기대이다.

상어들의 천국, 조개껍질의 바다

멍키 미아에서 나오는 길에 이글 블러프에 간다. 비포장도로를 달려 3.5㎞ 정도 들어가면 아주 훌륭한 전망대가 나온다. 풀도 자라기 힘들 정도로 건조해 부스러져 내린 땅 끝에 전망대가 있다. 내려다보이는 투명한 바다 속에는 해초(Seagrass)들이 끝없이 펼쳐져 있다.

해안 가까운 곳으로 상어 한 마리가 보인다. 배가 부른 듯 슬렁슬렁, 움직임이 바쁠 것 하나 없어 보인다. 그놈을 보고 있는데 옆에 다른 상어들이 나타났다. 하나, 둘, 셋, 넷…… 내 눈에 띈 놈들만도 여섯 마리. 어림잡아도 2m 남짓 되어 보이는 크기다. 상어 외에도 이곳에는 듀공(Dugon)이나 가오리가 있다는데 오늘은 보이지 않는다. 먼 곳까지 볼수 있었다면 찾을 수도 있었을 텐데. 이번 여행에 망원경을 가지고 오지 않은 것이 못내 아쉽다.

이글 블러프를 떠나 20분만 가면 또 다른 세상을 만난다. 바로 라리

이글 블러프의 안내지도

돈만(L'haridon Bight)인데, 이곳 역시 하멜린 풀처럼 주변과 격리되고 증발이 많아 염도가 일반 바다의 두 배 이상이다. 그래서 바닷물의 부력이 큰 탓에 수영 초보도 잘 뜬다. 셸 비치라 불리는 이곳에는 높은 염도를 견딜 수 있는 특별한 조개들이 서식하고 있다. 새끼손톱보다 삭고 하얀 조개로 1㎡당 평균 4,000마리 정도가 산다고 한다. 희고 아름다운 해변엔 모래 대신 조개껍질이 깔려 있는데 바람과 파도에 오랜 시간 닳은 조개껍질의 모서리에는 날카로운 면이 거의 없어져, 맨발로 다닐 수 있을 정도다.

셸 비치의 아름다운 조개 해변

　하루가 저물어가자 우리는 워터 탱크스 공터(Water Tanks Rest Area)라는 곳에서 노숙을 하기로 했다. 이곳에는 여행자들이 비상시에 물을 채울 수 있도록 두 개의 빗물통이 준비되어 있는데, 화장실이나 그 외의 다른 시설을 갖추고 있지 않아 다른 차량들은 없다. 덕분에 우리만의 호젓한 밤을 보내게 되었다. 밤이 깊어 쌀쌀해지자 땅을 파고 모닥불을 피웠다. 이번 여행 중 첫 모닥불이다. 밤 12시가 넘도록 모닥불 가를 떠나지 못한 우리는 붉은 와인잔을 부딪히며 웃음꽃을 피웠다. 밤이 점점 깊어간다.

오늘 이동거리 : 279㎞, 총 이동거리 : 10,361㎞

놀라운 해안 절경을 품은 칼바리 국립공원

이젠 아침 바람이 시원함을 넘어서 차다. 사막에서는 그렇게 찾던 서늘함인데, 얼마나 됐다고 따뜻함이 그리워지는지.

지도상으로 칼바리 국립공원(Kalbarri National Park)은 1번 도로를 벗어나 해안 쪽으로 한참 돌아가게 되어 있다. 그러므로 먼저 갈 만한 가치가 있는지 생각해봐야 한다. 다녀온 내가 결론부터 말하자면 충분히 OK. 내륙으로는 아기자기한 트랙이, 바다 쪽으로는 호주답게 스케일 큰 해안 절벽들이 시원하게 펼쳐져 있다. 그리고 그 사이에 아름다운 바닷가 마을 칼바리가 있어 휴식을 취하기에도 좋다.

우리는 지도에 표기된 내륙 쪽 비포장도로를 포기하고 과감히 칼바리 해안 쪽 절경을 감상하기로 했다. 그런데 나중에 알고 보니 칼바리 내륙의 유명한 네이처스 윈도우(Natures Window)로 가는 길은 우리가 도착하기 일주일 전에 전 구간이 포장되었다고 한다. 그러므로 이제는 어떤 차량이라도 갈 수 있는 상태로 업그레이드되었다.

칼바리 국립공원에 둘러싸인 칼바리 마을에 도착하자 비바람이 몰아친다. 앞바다는 웬일로 그렇게 화가 났는지 흰 거품을 내뿜으며 맹렬한 파도를 퍼부어댄다. 하지만 이렇게 궂은 날씨에도 불구하고 작은 마을 칼바리는 연휴를 맞아 사람들로 붐볐다. 퍼스에 산다고 하는 한국인 여행객을 두 팀이나 만났다.

점심은 간단하게 생선 튀김을 사서 슈퍼마켓에서 산 야채와 함께 빵에 끼운 후 소스를 뿌려 만든 수제 피시 버거로 해결한다. 여행의 마지막이 가까워질수록 냉장고에서 시들어가는 음식 재료를 처리하는 방향으로 살림을 하느라, 식단이 점점 '남는 것 다 때려 넣기' 쪽으로 잡혀가고 있다. 먹는 사람들 역시 '주는 대로 먹기' 쪽으로 작전을 바꿔야 했는데, 의외로 푸짐하고 먹을 만하다.

점심식사 후 우리는 첫 번째로 계획된 장소인 제이크스 포인트(Jakes Point)를 가려다 길을 잘못 들어 위테카라 개천(Wittecarra Creek)으로 빠졌는데, 이곳이 뜻밖에도 엄청나게 비극적으로 흥미로운 곳이다.

1605년 빌럼 얀스(Willem Jansz)가 호주 대륙을 발견하고 난 얼마 후, 1629년 6월 4일 네덜란드 동인도 회사와 계약한 바타비아(Batavia) 호가 칼바리 95㎞ 남서쪽의 애브롤호스 섬(Abrolhos Islands) 앞에서 암초에 부딪히면서 220명의 남자와 여자, 어린이들이 작은 섬에 함께 갇히게 되었다. 선장이 44명의 선원을 태우고 자바 섬으로 구원을 요청하러 간 사이 반란을 계획한 코르넬리스(Cornelisz)와 그를 따르는 세력은 음식과 물이 부족해지자 어린이를 포함한 125명을 학살해 땅에 묻거나 수장시켜버렸다. 이 반란 세력이 섬을 거의 장악할 무렵인 9월 17일, 드디어 선장이 돌아왔다. 선장 일행은 다행히 섬에 들어가기 전에 반란 세력의 존재를 보고받아 제압할

수 있었고, 이때 제압당한 젊은 두 명의 반역파, 루스(Loos)와 펠그롬(Pelgrom)이 바로 이곳 위테카라 개천에 버려졌다. 그 후 이 둘이 어떻게 되었는지는 아무도 모르지만 버려졌던 위테카라가 기록에 남아, 아이러니컬하게도 이들이 호주 본토에 살게 된 최초의 유럽인이 된 것이다.

위테카라 개천에 세워진 기념비

비바람 속의 전망대에서 비로소 만난 돌고래

두 번째 장소인 레드 블러프(Red Bluff) 전망대 주차장에 캠퍼밴이 도착할 무렵이 되자 비바람이 더욱 미쳐 날뛴다. 세 사람은 캠퍼밴에 남고 영만 형님, 용권 작가 그리고 나까지 세 명은 비옷을 입고 전망대로 출발했다. 해변 절벽 위를 따라 가는 길은 불과 1㎞도 되지 않지만 옆 사람의 말소리가 들리지 않을 정도로 바람이 거셌다. 볼이 아플 정도로 때려대는 빗방울에 우리는 '비싸대기'라는 신조어를 만들며 날씨를 즐기기로 했다.

펄럭이는 비옷 자락이 만들어내는 박자에 맞춰 흥겹게 걷는다. 폭풍우 속을 뚫고 느끼는 동료애는 또 다른 맛이다.

온몸에 비를 뒤집어쓰고 도착한 전망대. 좌측으로는 비바람에 아랑곳없이 거대한 절벽이 압도하고, 우측으로는 모래사장이 해변 가득 펼쳐져 있다.

앗!

바다 저 멀리에서 무엇인가 움직임이 눈에 들어왔다. 돌고래 떼닷!

거대한 파도에 오히려 흥이 나는 녀석들인지라 폭풍우를 한껏 즐기고 있는 듯하다. 20~30마리는 되어 보이는 돌고래 떼가 거친 바다 위로 튀어 오르다가 꼬리를 치켜세우면서 부서지는 파도 속으로 미끄러져 들어가는 등 수선을 떨고 있다. 멍키 미아에서 못 만난 돌고래를 이곳에서 만나다니.

오늘의 조용한 기적

우리는 칼바리 국립공원을 남쪽으로 내려가며 차례로 머시룸 바위 (Mushroom Rocks), 포트 앨리(Port Alley), 그랜드스탠드(Grandstand)를 둘러보았다. 모두 멋진 곳이지만, 마지막 지점에 있는 내추럴 브리지(Natural Bridge)야말로 칼바리 해안의 하이라이트이다. 우리는 그곳에서 절경의 칼바리 절벽과 그 절벽을 깎은 예술가를 한꺼번에 만났다. 인도양 저편

● 파도 치는 해안의 머시룸 바위
●● 해안으로 연결된 절벽과 기암괴석

에서 파도를 가져와 대지를 깎고, 구름을 펼쳐 그 사이로 빛을 쏟아내고, 하얀 포말로 이 절경을 완성시킨 예술가에게 경의를 표한다.

칼바리 해안의 바위 모습

칼바리 국립공원을 빠져나와 오늘의 숙소인 그레고리 호숫가로 가는 길에 캥거루 한 마리를 칠 뻔했다. 캥거루는 시속 100㎞ 가까운 속도로 달리던 우리 캠퍼밴과 불과 1~2m 차이로 아슬아슬하게 스쳐 길을 건너갔다. 순간 문득 멍키 미아에서부터 오늘 캥거루 사건까지 일련의 일들이 우연이 아니라는 생각이 들었다. 누군가는 터무니없다고 할지 모르겠지만, 멍키 미아에서 돌고래를 만나지 못했기에 오히려 오늘 레드 블러프 전망대에서 돌고래를 만날 수 있었고, 그 덕분에 캥거루를 살릴 수 있었다는 생각이 내 깊은 곳에서 떠올랐다.

그리고 이 일이 내게는 오늘의 기적이다. 어떤 사람은 로또에 당첨되는 그런 기적을 꿈꾸지만, 아무 소리 없이 조용히 다가와 웃음 짓게 하는 진짜 기적이다. 오늘 이동거리 : 205㎞, 총 이동거리 : 10,566㎞

핀다에 야생화가 핀다

"세상에는 증명할 수 없지만 확신할 수 있는 것들이 있다."

모든 동물에게는 그들만의 언어가 있고, 지켜야 할 불문율이 있을 것이라고 나는 확신한다. 이를테면 초식동물은 아무리 배가 고파도 다음 세대를 위해 풀뿌리를 먹지 않는다든지, 털갈이 중이어서 바다에 갈 수 없는 펭귄은 괴롭히지 않는다든지, 알을 가득 밴 게나 작은 물고기는 잡지 않거나 다시 바다에 돌려보내는 어부의 양심 같은 것들 말이다.

이런 면에서 곤충에게는 '꽃은 먹지 않는다'라는 불문율이 있는 것이 분명하다. 연하고, 향기롭고, 단맛이 가득해서 매혹적인 꽃이지만 어떤 곤충도 꽃을 갉아먹는 것을 본 기억이 없다. 만약 어느 곤충이 꽃을 먹는다면 곤충 사회에서 이런 말을 들을지도 모른다.

"천하의 몹쓸…… 벌레만도 못한 놈 같으니."

핑크색을 띠는 호수 헛 라군

제럴턴을 수놓은 청초한 화관꽃

나는 적록 색약이다. 그래서 오늘 아침에 핑크빛 헛 라군(Hutt Lagoon) ★
호수를 보고 환호하는 동료들을 따라 놀라는 척했지만, 사실은 별로 놀
랍지 않았다. 그 색이 내겐 별로 놀랄 만한 색으로 보이지 않았으니까.
하지만 꽃이라면 이야기가 다르다. 꽃은 밝은 형광색이라 내게도 선명
하게 보인다. 좋은 향기에 깨끗하고 아름다운 갖가지 모양의 꽃을 보면
언제나 반할 수밖에 없다.

> ★ 헛 라군 Hutt Lagoon: 분홍 호수
> 칼바리 남쪽 50km 지점에 있는 호수다. 넓이 70km²의 이 호수에는 두날리엘라 살리나(Dunaliella
> salina)라는 특별한 해조류가 살고 있는데, 이것들이 카로티노이드(carotinoid)라는 색소를 만들어
> 호수 전체를 분홍빛으로 보이게 한다. 이 분홍 색소는 베타카로틴, 식용색소 혹은 비타민 A의
> 재료로 판매되고 있다.

237

화관꽃들이 길가에 무리 지어 피어 있다.

　이번 호주 여행에서도 독특한 꽃들이 내내 길 옆에서 우리를 격려하고 응원해주었다는 걸 나는 기억한다. 길 옆에 끝도 없이 피어 흔해 보였을 어떤 꽃은 지구 전체를 통틀어서 그곳에 있는 꽃들이 전부였을 수도 있다. 지역에 따라 기후, 강수량, 일조량 등이 판이하게 다른 호주는 야생화들도 지역에 따라 독특하다.

　호주 서부 제럴턴(Geraldton)을 중심으로 한 야생화길(Wild Flower Route)에는 6~9월이면 각종 희귀한 꽃들로 가득하다. 꽃을 좋아하는 전 세계 사람들이 앞다투어 올 정도로 널리 알려져 있다. 그중에서도 8~9월 말에 피는 야생화 화관꽃(Wreath Flower)은 압권이다. 제럴턴 근방의 물레와(Mullewa)를 거쳐 핀다(Pindar)에서 북쪽으로 가는 '베링가라-핀다 로드

(Beringarra-Pindar Road)'의 비포장 길에 피는 이 꽃이 올해는 다른 해에 비해 더 많이 피었다고 한다. 먼지 나는 비포장 길을 선호하지 않지만 여긴 꼭 가야 한다.

130㎞나 돌아 온 보람이 있다.

이 귀한 화관꽃들이 길가에 지천이다. 화관꽃이 피어 있는 구간 50m 선후로는 오직 화관꽃만 가득하다. 활짝 피면 사람 머리 위에 얹기에 딱 알맞은 크기가 되는데, 새로 피는 작은 것들은 작은 접시만 하다.

이처럼 귀한 화관꽃이 흙바닥 위에 아무렇게나 놓여 있다니…… 괜히 내가 송구스러운 기분이다.

참으로 신기한
꽃길이다
작은 방석만한
꽃이 길옆으로
200m정도 되어있다
그것도 일렬로 가지런히며…

자연그물화식장이다

화관꽃의 학명은 *Leschenaultia Macrantha*. 과육식물로 메마르고 먼지 가득한 땅에서 살며 보드랍고 물기 가득한 줄기를 가지고 있다. 매년 피어나는 개체수가 다른데, 올해는 넉넉한 강수량 덕분에 아주 많이 피

서호주 들판에 뜬 무지개

었다고 한다. 이렇게 삭막한 곳에서 겸손하고 조용히 꽃을 피워낸 모습
을 보고 있노라니 세상을 조용히 시인으로 살아가는 내 사촌 형의 모습
이 겹친다. 오늘 이동거리 : 414㎞, 총 이동거리 : 10,980㎞

경이로운 파노라마, 피너클스 사막

캠퍼밴 창밖이 어제보다 더 짙은 녹색이다. 갈수록 더 많은 꽃들이 피어 있고 나무들의 키도 점점 커지고 있다. 40도를 오르내리던 무더위는 오간 데 없고, 서늘한 기온에 며칠 전부터는 비 오는 날도 잦아졌다. 우리가 남쪽으로 내려가고 있음을 실감한다. 끝없이 펼쳐진 밀밭과 간혹 다른 작물이 심긴 농장의 광활함은 이곳이 호주임을 일깨워준다. 해가 떨어지면 제법 선선한 기온 덕분에 깊은 잠을 잘 수 있어 여행의 피곤함도 조금씩 풀리고 있다. 그럼에도 불구하고 37일째 누적된 피로는 운전석 뒷자리에 탄 여행자들이 차창 밖의 풍경을 감상하는 대신 잠으로 빠져들도록 인도한다. 이 눅눅한 분위기를 깨려면 정신이 번쩍 들만큼 멋진 곳으로 가는 수밖에 없다.

SF 영화의 배경 같은 수천 개의 돌기둥
우리가 퍼스에 도착하기 전 마지막 여행지로 선택한 곳은 남붕 국립

공원(Nambung National Park)이다. 남붕 국립공원은 퍼스에서 북쪽으로 약 240㎞ 떨어진 곳으로 바다와 사막과 강을 모두 볼 수 있는 190㎢ 크기의 제법 큰 국립공원이다. 이곳에는 동료들의 무거운 눈꺼풀을 단번에 치켜세울 만한 비경이 있다. 바로 호주 서부의 아이콘 중 하나로 불릴 만큼 유명한 피너클스 사막(The Pinnacles Desert)이다. 서호주로 여행 온 사람들에게 가장 인기 있는 퍼스에서 그리 멀지 않아서(호주에서 240㎞ 정도의 거리는 인근에 속한다), 꼭 들러 둘러보고 사진을 찍고 가는 곳이기도 하다.

남쪽으로 뻗어 있는 인디언 오션 로드(60번 도로)를 따라 내려오다 보면 피너클스 사막으로 들어가는 이정표가 보인다. 이정표를 따라 8㎞를 들어가면 길이 끝나는 지점에 입장료를 징수하는 작은 매표소가 나온다. 차량 한 대당 AU$10 내외를 지불하고 공원 내로 진입하여 주차장에 차를 세웠다. 원래는 피너클스 사막 안으로 차가 진입할 수 있지만 어젯밤에 내린 비로 길의 일부가 훼손되어 걸어서 들어가는 것만 허락

크고 작은 석회암 바위들이 솟아 있는 피너클스 사막의 기묘한 모습

되었다. 포장된 인도를 따라 조금 걸어 들어가자 예상대로 동료들은 경이롭게 펼쳐진 파노라마에 환호성을 지른다.

아, 자연의 다양함에는 '자연스럽지 않은 것'마저 포함되어 있다.

넓은 사막에 박혀 있는 수천 개의 기둥.

그 기둥들의 형태는 무척이나 다양해서 노란색 도포를 걸치고 손을 올리고 있거나 쭈그리고 앉아 있는 모습, 혹은 고개를 숙이고 바닥을 보는 모습처럼도 보인다. 마치 시간이 멈춘 다른 세계에서 수천의 석상들이 각기 다른 모습으로 서 있는 듯한 느낌이다. 노란 석회암 기둥과 청명한 하늘색이 원색의 조화를 이룬다. 그 기둥들 사이로 움직이는 관광객이 아니라면 어느 SF 영화의 배경과도 같은 모습이다.

이러한 독특한 자연 속에는 그 생성 시기의 환경과 원리에 관한 비밀

영화 속의 외계 행성에 온 듯, 독특하고 놀라운 풍경이다.

이 숨겨져 있고, 그 숨은 미스터리를 찾아내기 위해 많은 지질학자들이 호주를 방문한다. 지질학자들은 이곳의 석회암 기둥에 대해서 두 가지 가설을 내놓았다. 첫 번째는 석회 땅을 깊게 움켜쥔 나무뿌리가 썩으면서 주위보다 침식에 강해져 기둥이 생성되었다는 것이고, 두 번째는 어떤 이유로 나무 밑동이 석화(Petrified)되어 나무 그 자체가 석회암으로 치환되었다는 이론이다. 어쨌든 이 '작품'들이 만들어지기까지는 최소 수천 년이 넘는 어마어마하게 긴 시간이 소요되었고, 이 돌기둥들은 그속에 비밀을 풀기 위한 증거들을 머금고 있다.

여행의 종착지, 퍼스에 도착하다

남붕 국립공원의 자연미를 뒤로하고 퍼스로 향하는데 아름다운 흰

모래사장이 우리의 시선을 사로잡았지만 멈출 수가 없었다. 늦지 않게 퍼스에 도착해야 할 이유가 있었기 때문이다. 가는 길에 차창 밖으로 크산토로이아(Xanthorrhoea)가 줄지어 서 있다. 마치 불에 탄 듯한 검은 나무 밑동에 풀을 동그랗게 펴 얹어놓고 그 위에 막대기를 꽂은 것 같은 기묘한 모양의 이 나무는 호주 이외의 다른 곳에서는 어디서도 볼 수 없는 독특한 모양이다.

길 옆으로 집들이 하나둘씩 보이고 자동차가 많아지더니 어느새 길이 막히기 시작한다. 드디어 웨스턴오스트레일리아의 최대 도시, 인구 170만 명의 퍼스(Perth)에 도착했다.

퍼스는 우리 여행의 종착역이다. 그런데 무사히 도착했다는 안도감 대신 더욱 긴장감이 든다. 옆 차를 살피고, 앞차와 안전거리를 유지하고, 신호등과 속도 제한 표시판을 보면서 내비게이션까지 보는 것이 쉽지 않다. 그동안 거칠 것 없이 사방이 뻥 뚫린 길을 달리다가 도시로 들어오니 길이 무척이나 좁게 느껴진다. 하지만 이제 곧 퍼스에 있는 캐러밴 파크에 도착하면 남은 여행은 대중교통이나 택시를 이용하기로 했기 때문에 더 이상 운전할 일은 없다. 모든 코스를 역주한 마라토너가 경기장에 들어오는 것처럼, 우리는 긴장과 기대감으로 퍼스 시내를 조심스럽게 운행했다. 끝이 보인다.

캐러밴 파크에 주차한 후 서둘러 식당으로 향했다. 인디언 오션 로드 주변의 절경을 마다하고 서둘러 온 이유는 바로 오늘 저녁을 정용권 작가의 사촌동생이 운영하는 한식당 '강남'에서 먹기로 했기 때문이다. 여행 내내 마른 반찬 한두 가지에 찌개나 스테이크가 전부인 간소한 식사를 하다가 식탁 위에 푸짐하게 차려진 한식을 앞에 두니 모든 멤버들의 얼굴에 화색이 돈다.

푸짐하고 넉넉한 밤이다. 게다가 오늘은 설거지도 없다.

오늘 이동거리 : 379㎞, 총 이동거리 : 11,359㎞

마지막 저녁식사

우리 멤버들, 참 부지런하다. 여행의 피곤함에 늑장을 부릴 법도 한데 끝까지 최선을 다해 놀 참이다. 모두들 평소보다 일찍 일어나 부산을 떤다.

리빙스턴스 어반 정글(Livingstone's Urban Jungle) 카페에서의 훌륭한 아침식사를 마치고 그 앞에 있는 국립 아트 갤러리를 볼 때까지는 모두 쌩쌩했다. 하지만 너무 일찍 일어난 탓인지, 아니면 곧 집으로 돌아간다는 안도감 때문인지 오후가 되면서 피곤한 기색이 역력하다. 여행의 아쉬움과 함께 나른함이 한꺼번에 몰려든 탓이리라.

우리는 퍼스의 옛 시가지 프리맨틀(Fremantle)에서 생맥주 한 잔씩을 마신 뒤에야 비로소 활기를 찾기 시작했다. 더 세일 앤드 앵커 펍(The Sail and Anchor Pub)에서 직접 만든 이 맥주는 1800년대 중반부터 만들기 시작해 150년 이상의 전통을 자랑한다.

오늘 저녁식사는 공식적으로 마지막 미팅이 된다.

　블랙버드 레스토랑(Blackbird Restaurant)이라는 조용하고 괜찮은 곳에서 식사하기로 했다. 여행 중에는 서로에 대한 배려와 존중을 앞세워 할 수 없었던 이야기들, 한편으로는 같은 시간과 공간을 사용했음에도 저마다 다른 느낌으로 소화했던 여행을 공유하기 위한 자리이다. 조금은 어색하고 긴장된 표정들, 하지만 함께한 시간만큼 단단해진 동료애를 기억하게 될 것이다.

　우리는 저녁식사를 하면서 아래의 네 가지 주제에 대해서 편안하게 이야기를 나누기로 했다.

1. 가장 기억에 남는 것
2. 가장 힘들었던 점
3. 가장 보고 싶었던 사람
4. 가장 행복했던 순간

 허영만

1. 밥장을 두고 출발했다가 다시 돌아갔던 사건.

2. 뒷자리 차창으로 보이는 사막 풍경이 계속 똑같을 때 미치는 줄 알았다.
   한 가지 추가하자면 먼지가 너무 많아서 힘들었다.

3. 아내가 보고 싶고, 같이 이 멋진 경관들을 보면 좋겠다는 생각을 했
   지만 몸이 너무 힘들어서 어려울 것 같다.

4. 석양을 많이 봤지만 인도양 브룸에서의 석양은 정말 좋았다. 또 저녁
   마다 캠퍼밴 바깥에 의자를 놓고 식사를 했던 것 역시 최고다.

 김봉주

일흔이란 나이에 이런 여행을 할 수 있는 사람이 또 있을까? 이런 여행에 불러주는 좋은 친구들이 있어서 너무 좋았다.

 정상욱

1. 끝없이 직선으로 연결된 길과 지평선이 너무 좋았다.

2. 봉주 형님이 앞차를 따라가느라 사고가 날 뻔한 날이 며칠 동안 머릿속에서 사라지지 않는다. (봉주 형님이 미안해하면서 사과함)

3. (단호하게) 아내다.

4. 호주의 대자연, 특히 울룰루에서 석양을 볼 때, 그리고 와이너리에서 와인을 열 박스 넘게 선물 받았을 때. (결국 다 마시고 몇 병밖에 안 남았음)

 정용권

1. 울룰루의 저녁놀이 머릿속에 가장 깊이 박혀 있다.

2. 부산하다고 멤버들에게 잔소리 들었을 때.

3. 매일 전 과정을 SNS로 소통해, 멀리 있다고 느껴지지 않음. 세상은 하나. 그래서 특별히 없음. 지금은 명절이 다가오니 연세 많은 어머님 생각이 난다.

4. 매일 대지의 일출과 하루를 마감하는 일몰, 그리고 호주 서부에서 만난 쌍무지개를 카메라에 담는 순간.

 김태훈

1. 와남불에서 남방긴수염고래를 만났을 때.

2. 나중에 사과했지만 영만 형님이 벌레 물린 나를 격리하라고 했을 때.

3. 아들 둘과 함께 코랄 베이 바다 속을 수영하고 싶었음.

4. 카리지니 국립공원의 조프르 폭포에서 찬물에 들어간 후 가려움이 사라졌을 때.

 밥장

1. 데블스 마블스에서 자던 날 밤, 달빛이 너무 밝아 달빛 샤워를 하며 바깥에서 그림을 그렸던 일.

2. 미지 벌레에 물린 곳이 계속 가려워서 고통스러웠다(그 이전까지는 태훈 형이 물건을 쓰고 제자리에 두지 않는 것 때문에 아주 어려웠음. 하지만 미지 벌레에 비하면 아무것도 아님). 물린 뒤부터 오늘까지 미지 때문에 계속 힘들다.

3. 집으로 돌아갈 일정이 이미 정해져 있었기 때문에 특별히 보고 싶었던 사람은 없었다. 오히려 일상으로 돌아가면 여행이 그리워질 것이다.

4. 브룸에서 맞은 인도양의 시원한 파도, 그 파도 '싸대기'를 온몸으로 맞던 기억.

다시 일상으로

마지막 날이다.

　지난 40일 동안 교통 체증에서 완전히 해방됐었고, 거의 매일 밤 별들의 우주 쇼를 보았으며, 무한의 지평선을 원도 없이 체험했다. 하지만 어려움도 많았다. 어떤 날은 장시간을 꼬박 운전만 해야 했고, 무더위는 여행 내내 피할 수 없는 것이었다. 그러면서도 "내 나이에 뭘~"이라는 말은 누구도 하지 않았던, 꽤 괜찮은 팀이었다. 개인으로서 각각의 어려움이나 불평이 나올 때도 있었지만, 멤버 간의 문제는 저녁 와인과 함께 마셔버렸다.

　이제 여정의 마지막 일은 마치 질긴 누에고치처럼 우리를

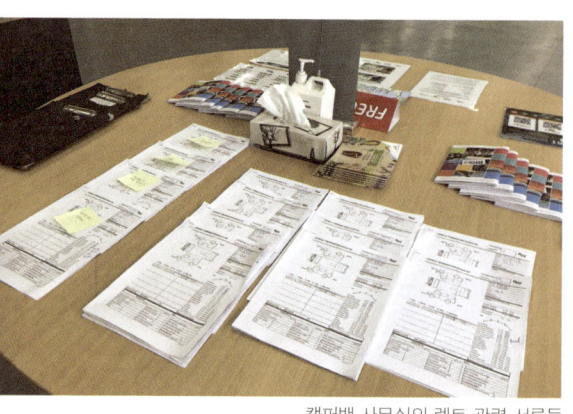

캠퍼밴 사무실의 렌트 관련 서류들

캠퍼밴을 반납하기 위해 찾은 퍼스의 마우이 지점

한 팀으로 묶어주었던 캠퍼밴을 반납하는 것이다. 사막에서 그늘이 되고, 안락한 침실이 되어주고, 일용할 물과 음식을 만들 수 있게 해주었고, 벌레를 피할 수 있었고, 화장실을 제공해준 정든 우리들의 집을 반납해야 한다.

캠퍼밴을 반납할 때는 반드시 해야 할 몇 가지가 있다.

우선 처음 인수받을 때 채워져 있던 LPG 가스와 디젤 연료를 가득 채워야 한다. 화장실 통과 오수통을 깨끗이 비워야 하고, 냉장고 속의 남은 식재료와 음식들은 봉투에 넣어 버린다. 혹 개봉하지 않은 인스턴트 식품들이 남아 있다면 봉투에 넣어 'Free 식재료' 코너에 두면 다음 여행자들이 기쁜 마음으로 가져다 쓸 것이다.

청소의 마지막은 화장실, 가스레인지 그리고 전자레인지 내부를 닦

이번 여정을 함께한 대원들의 출발 전 활기찬 모습. 또 다른 여행을 꿈꾸며.

아내는 것이다. 청소를 마친 후 우리가 렌트했던 마우이 캠퍼밴의 지사
에 도착해 차량을 반납하고, 담당자의 확인 과정을 거치면 끝. 소요되
는 시간은 약 30분 정도이므로 여유 있게 기다리면 된다.

　이렇게 우리는 모든 호주 일정을 마쳤다.
　나는 퍼스에서 오클랜드로 출발하는 항공편을 타러 국제선 터미널로
가야 하고, 나머지 멤버들은 시드니를 거쳐 한국으로 돌아가므로 시드
니행 비행기를 타기 위해 국내선 터미널로 향한다.
　일행을 떠나 공항에 도착했다. 갑자기 혼자 남겨지니 마음이 허전하
다. 이럴 줄 몰랐다. 40일 동안 지겹도록 본 얼굴들인데, 벌써 다들 보
고 싶어진다.

LINGA LONGA CARAVAN PARK

정말 마음에 드는 농장이다.
이런곳을 보면 화실로 썼으면
좋겠다는 생각이 든다.
생전에 가능
할까?

이렇게
큰 화장실은
처음이다.
이유가 뭘까!
작아야하는
이유를 모르는
걸까? 땅이우니
넓은탓이니까?

0.01%의 경험

이건 예상치 못했다. 쇠창살만 감옥이 아니다.
'날마다 똑같은 풍경, 똑같은 차, 똑같은 멤버. 심지어 똑같은 술을 마신다는 것……,'
한 살이라도 젊은 일흔 살에 왔기 망정이지 버거울 뻔했다.
극심한 가려움을 안겨준 '미지'라는 벌레로 고생한 걸 빼면 가츨 40일을 무사히 마친 것은 천행이다.
(이 벌레가 예의를 알아 젊은이들만 공격했다.)

호주는 압도적으로 크고 넓었다.
그 반항할 수 없는 광활함 앞에서는 저절로 겸손해질 수밖에 없다.
아웃백의 정령이 나를 초대한 게 틀림없다. 덕분에 지구에 존재하는 인간의 0.01%만이 가질 수 있는 경험을 하게 되었다.

물심양면으로 도움을 주신 모든 분들께 감사의 마음을 전한다.
무엇보다 나를 데리고 다녀준 동료들이 고맙다.
"설거지 열심히 할 테니 남은 동부 갈 때도 데려가줘잉."

2017년 11월 허영만

ULURU AYERS ROCK
가는길

이 여행에 도움을 주신 Millet, mypop, Terrarosa, 동림푸드, 비젼코베아,
세종티에프, 이디야커피, 아콜레이드 와인 오미경 이사, 하디스 와이너리,
Maui Australia, 남기탁 님께 감사드립니다.